高情商

「婚姻课」

如何30天改变你的妻子

辛慧颖 著

扫码点目录听本书

四川人民出版社

图书在版编目(CIP)数据

如何30天改变你的妻子 / 辛慧颖著. —成都 : 四川人民出版社, 2019.10
ISBN 978-7-220-11599-8

Ⅰ. ①如… Ⅱ. ①辛… Ⅲ. ①婚姻-社会心理学-通俗读物 Ⅳ. ①C913.13-49

中国版本图书馆CIP数据核字(2019)第191168号

RUHE 30 TIAN GAIBIAN NIDE QIZI
如何30天改变你的妻子
辛慧颖/著

出版人	黄立新
策划组稿	杨建峰
责任编辑	任学敏 邹近
技术设计	松雪
封面设计	门乃婷工作室
责任印制	李剑
出版发行	四川人民出版社(成都市槐树街2号)
网址	http://www.scpph.com
E-mail	scrmcbs@sina.com
新浪微博	@四川人民出版社
微信公众号	四川人民出版社
发行部业务电话	(028)86259624 86259454
防盗版举报电话	(028)86259624
印刷	河北鹏润印刷有限公司
成品尺寸	143mm×208mm
印张	7
字数	148千
版次	2019年10月第1版
印次	2019年10月第1次
书号	ISBN 978-7-220-11599-8
定价	36.00元

Preface 前言

爱情总是充满着妙不可言的迷人魔力，坠入爱河的人们总会陷入爱情必将臻于永恒的错觉之中，就如同表白的誓言：爱到地老天荒、海枯石烂；还会天真地认为自己绝不会重蹈父辈的覆辙，不会因为婚姻和家庭把自己搞得焦头烂额，更不会因爱生恨、对簿公堂；认定自己有足够的信心和把握能够掌控婚后生活的走向，让两个人的爱情永不褪色。

愿望是美好的，现实却是残酷的。随着时光流逝，爱情的魔力日渐消退，“柴米油盐酱醋茶”的琐事逐渐代替了“琴棋书画诗酒花”的美好，爱情悲剧难免一辈一辈卷土重来。男人老调重弹，奢望女人和他一样思考问题，按照他的金玉良言去采取行动；女人则幻想着男人与她的步调保持一致，渴望着感同身受的理解与支持——但往往事与愿违。

在婚姻关系中，男人期待一直处于主导地位，由此获得自身的价值体现。女人期待关系永远亲密无间，从而获取安全感。正是这样的思维差异，使得男人和女人之间有着与生俱来的矛盾因素。因此，在处理与妻子的关系中，只要能够清晰地意识到男女有别，进而尊重彼此的差异，就会减少心中的诸多疑虑与困惑。

所有的女人都是独一无二的，每一个女人都与众不同，所以，男人的终极目标不是成为这个世界上最伟大的丈夫，而是成为妻子心目中最伟大的丈夫。最能触动女人心弦的，不是强制性地让她按照自己的意图加以改变，而是言出必行、表里如一、真诚可靠、有责任感，这些可以带给她安全感的男人特质。

婚姻需要用智慧去规划和经营，男人们要懂得婚姻不是爱情的终点站，而是幸福的里程碑，婚后仍然要源源不断地注入自己的爱与智慧。掌握一个个婚姻秘诀，用心呵护爱情，用爱经营婚姻，才能使婚姻成为幸福的新起点。

本书以30天作为一个周期，每天抛出一个在婚姻生活中常见的妻子的问题，从生活小事着手，通过迂回战术，在潜移默化中实现丈夫“改变妻子”的“鸿鹄之志”。同时，在每一节内容的结尾都会有“让爱持久”的改变秘诀，愿这些从婚姻生活中总结出来的秘诀，能够让每一位读者摆脱情感危机，继而变得更好、更通透，有更强的能力去追求和实现爱情与婚姻的成功与幸福。

目录 Contents

扫码点目录听本书

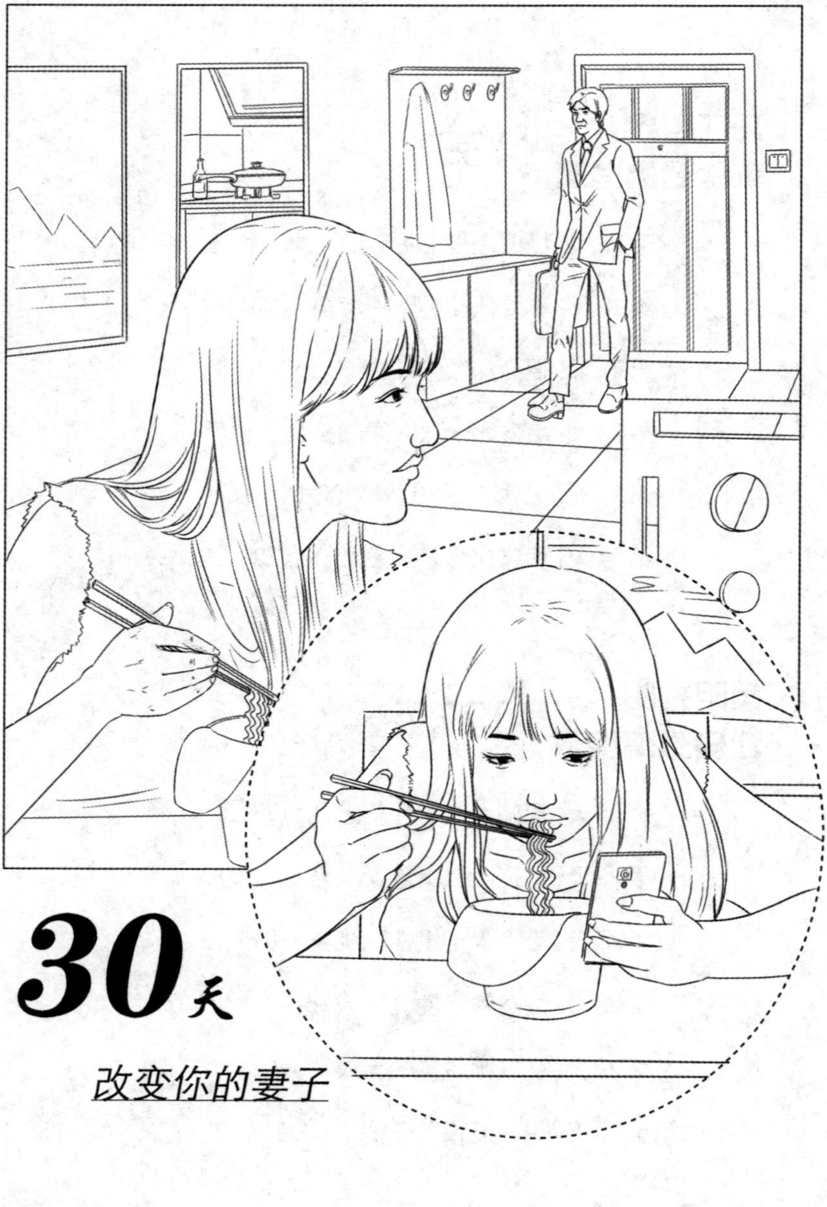

30天

改变你的妻子

改变妻子，
婚姻幸福密码

扫码点目录听本书

扫码点目录听本书

理解女人心

弗洛伊德曾感慨："尽管我研究女性心理已经30年了，但我依然无法回答这个问题：女人究竟要什么？"对女人深感困惑的不止这位心理学大家，还有史蒂芬·霍金，传奇的天体物理学家，他能够解释宇宙中最复杂的奥妙，但在一次访问中，当被问及他思考最多的问题是什么，霍金直白而坦诚地说："女人！女人才是真正的未解之谜。"

如果弗洛伊德和霍金都无法理解女人，那对于深陷情感泥潭的普通男人们来说，女人更是一个神秘莫测且令人迷失的世界了。在这些迷茫的男性中，有的是思想上的"巨婴"，有的面对女人却不知从何处下手，有的总有着莫名的优越感，有的习惯于物化女性，有的是性别意识错位……种种问题，经常困扰着男人们，使他们无法正确了解女性的所思所想和所作所为。男人们如果想要和自己的爱人共度一生，首先要做的就是搞懂女人，理解如海底针的女人心，进而才能和她发展长期稳定的婚姻关系，并且能够与她白头偕老。

想要和一个女人牵手走过一生，安全感是重中之重的感情砝码。男人需要让她真正地了解你，并让她从你这里获取她所需要的安全感，而这种安全感来自双方的情感联结。女人希望在自己有需要时，男人可以给予她理解和支持；女人需要男人始终对她感兴趣，并且能够照顾和关心她；女人还需要感受到男人对她的爱与尊重，希望男人能够倾听自己的需求，并在彼此之间建立起真正的情感联结，进而产生情感上的信任感和安全感。这样的情感进阶不是陈词滥调，而是一步一步走进女人心的密钥。

01 给她应有的婚姻承诺

男人如果真爱一个女人，一定要给予对方婚姻的承诺。虽然人们常说，婚姻是爱情的坟墓，但倘若没有婚姻，爱情将“死无葬身之地”。对大多数人而言，能够“入土为安”的爱情，总比“暴尸街头”要好得多！

如果没有各种客观条件的限制，爱一个人总是希望长相厮守，而婚姻为长相厮守提供了条件。敢于给予女人婚姻的承诺，也能彰显出男人想要与对方厮守终身的愿望和决心。“此生非你不娶”是一种铭心刻骨的爱，代表了“你是我的唯一”这一爱情宣言。

恋爱多年，却迟迟没有婚姻的承诺，大多数情况下，要么是对于对方成为自己的终身伴侣心存疑虑，摇摆不定；要么是心生疲惫，根本不想与对方结婚，只因责任、亲情等多重羁绊，且身边没有更好的候选人出现，导致将对方当作“鸡肋”一般继续相处。一旦遇到更好的目标闯入生活，感情破裂可能是随时会发生的事情。

婚姻是更高阶的爱情状态。连婚姻的承诺都不敢给予，又怎能说你会爱她一生一世？承诺是一方渴望与对方有一段长期的关系，并且会为这段关系心甘情愿付出自己的努力。当男人向女人做出承诺时会说：“你就是我要找的女人，会陪我一起走接下来的旅程，你也是我前进的方向和动力。”当男人找到心目中的那个她，会发自内心珍惜，且深深感激她所带来的不同。从此，两个人的关系不仅仅建立在信任与忠诚之上，更是一段充满爱与挑战的旅程。

男人决定踏上婚姻这段旅程需要勇气和决心，还要具备足够的冒险精神。因为大多数男人对于承诺都颇为重视，在他们骨子里流淌着“一言既出，驷马难追”的豪情壮志。他们会向心爱的女人发誓，无论遇到什么样的艰难险阻，无论面临多大的惊涛骇浪，都要忠诚于婚姻，和她共同开启一段两个人的全新人生，爱她原本的真实样子，并且鼓励和支持她成为她想要成为的那个人。当男人将心中的承诺宣之于口，就意味着踏上了与以往截然不同的旅程。

对的时间，对的地点，遇见对的人，由激荡人心的恋爱进入到全心承诺的婚姻，一切都那么顺理成章。

02 常对她说“我爱你”

马斯洛的需求层次理论表明，“爱和归属的需要”是生理和安全需求获得满足后，人类最迫切的需求。夫妻能够牵手一生是珍贵无比的缘分，缘自心中有爱，因为渴望爱，相信爱，才甘愿与爱人牵手走入婚姻。所以，好的婚姻一定要有充沛的爱作为滋养，让爱人的身心找到归属感。但婚姻的实质却是平淡而残忍的流年，庸常琐碎的生活很容易磨蚀激情，让爱褪色，让内心焦躁失衡。因此，婚姻需要经营，爱情需要滋养。特别是对于视爱情如生命的女人来说，丈夫发自内心的一句“我爱你”，就能让她在烦琐的生活中重燃激情。把“爱”说出来，是滋养爱情和婚姻的一剂妙方。

既然这样，男人们当然要毫不犹豫地对妻子说出“我爱你”。只是一些沉默内敛的男人会羞于将“爱”放在嘴上，但爱需要表达，而表达爱意这种技能，并非与生俱来，而需要后天不断地学习与磨炼。

曾经有一对夫妻，在婚后几年感情逐渐走向平淡，生活的琐碎磨损了爱情的颜色，两个人变得沉默而有隔阂，甚至产生了离婚的念头。但他们毕竟曾经真心相爱，不愿就此分开。于是，他们努力尝试寻求改变。

两个人开始约定，每天出门上班前和下班回到家，都要给彼此一个拥抱、一个亲吻和一句“我爱你”。一开始，两个人都觉得有些别扭，尤其是丈夫，觉得这样的仪式既磨人又无意义，但因为妻子的执着，两个人竟然坚持了下来。一个月过去了，他们不再沉默地生活，爱意在他们中间慢慢地重新流动；一年过去了，他们惊讶地发现彼此重新找回了热恋时的感觉，他们把它称为“爱的仪式”。

有一次，丈夫出差在外，当天晚上，妻子收到丈夫的微信：“老婆，今天没有和你举行爱的仪式，真的有些不习惯。老婆我爱你！”

妻子看着这条微信，不觉间淌下了幸福的泪水。他们终于懂得，濒临破裂的婚姻正是被这个“爱的仪式”所拯救。

的确，简简单单的三个字——“我爱你”，是润泽心灵的清泉，是对抗平庸生活的动力。毫不吝啬地说出爱，适时适度地表达爱，能够让婚姻生活变得温情而美丽，并充满无限的情趣与爱意。

爱的能力既会影响男人与家人的亲密程度，也会影响与其他人的关系。男人对家庭付出和从中接受的爱，映射着对朋友、家庭以及世界的态度。一位著名心理学博士说过，一些宗教认为，生活和爱是同一个概念。现在看来很明显，爱，不仅是女人所希求的，也是整个人类赖以生存的情感需求，是未来发展方向的重要指引。

男人们不妨重新找回那些失落已久的爱与记忆，并一一兑现早已飘散在空中的那些曾经对妻子许下过的承诺，同时，经常对她说“我爱你”。给自己留出30天的时间去践行，也许很快就会发现它们所具有的神奇力量。

怎样让妻子发生喜人的变化

当花前月下的蜜月期结束后，热恋时那种耳不聪、目不明，看不清对方，且无意识地只表现出自己好的方面，把缺点隐藏起来的“热恋症状”会逐渐消失，进而越来越接近最真实的自己。面对这种“非向好”的改变，我们自然会产生心理落差，不由自主地跳入自掘的陷阱当中，对爱人的挑剔不满与矛盾争执随之而来。这时双方唯一想做的事情，就是试图改变对方来适应自己，但真正运作下来却发现，结果多是惨不忍睹。

詹姆斯·艾伦博士有一句名言：“当他改变对事物和其他人的看法时，事物和其他人对他来说就会发生改变。”这句话同样适用于亲密关系。你喜欢别人对你的无心之过反复说教和碎碎念吗？强制性的批评真的有助于激发他人改变吗？会不会引起他们的逆反心理，刺激他们反其道而行，固执己见，抑或与你展开唇枪舌剑的争辩？这些都是极有可能发生的情况，其结果就是不欢而散，或为新的矛盾积累素材。

01 不要左右她的想法

走进婚姻，夫妻双方常常按照自己期待的模样去想象自己的妻子或丈夫，希望妻子这样，希望丈夫那样。但是一味按照自己的想法去期待对方，对方就真的会被你的想法所左右吗？大多数情况下，结果都是失望而归，对方表现出的样子往往不同于自己的期待，一旦期待破灭，矛盾就会随之加深，于是，开始厌烦对方所做的一切。比如，无论我怎么说，妻子总是喜欢在打折的时候乱买东西；无论我怎么说，妻子都不能停止她的唠叨；无论我怎么说……

一个称职的好丈夫，应该能够看到妻子的优点，了解她的所想所需，并且能够持续给她支持与协助，让她一点一点地变成一个更加优秀的人。这样乐观向上的夫妻相处之道，其实就是心理学家德里格塔斯所提出的“米开朗琪罗现象”。

德里格塔斯认为亲密关系的相处过程就像是米开朗琪罗雕刻大卫像一般，称职的另一半能够随顺对方的特性，将其潜能彻底激发，使其变成更加优秀且理想的配偶，而不是只在乎自己的需求，一味地强制对方符合自己的要求。

比如，如果丈夫认定妻子是一个“温良恭俭让”的女人，并且认为这是妻子最吸引自己的地方，他可能会在妻子贤良温存时加倍宠爱她，而在妻子唠叨不休和强势夺人时表现出失望和不快。在这个过程中，丈夫有意无意间强化了妻子身上为自己所认同的行为和特质：妻子会感到温柔的自己更容易被丈夫所接受，而唠叨、强势的自己并不被男人欣赏，于是，她可能会在言行上朝着丈夫所中意的方向靠拢，潜移默化中配合丈夫实现了改变妻子的意愿。

02 如实地看待对方

世界上没有相同的两片叶子，更何况是性格完全相契合的两个人呢！夫妻生活在一起，关注的重点不应该是改变对方，而是改变自己，接受对方，包容对方，如实看待对方。如果一心总想着改变对方，那么，生活中总是会充满争吵和火药的味道。

我们经常会随心所欲地描绘另一半在自己心目中的完美形象，甚至还会质问对方为什么不能像自己描绘的那样去改变自己。试想，自己凭想象信手画出对方的样子，却责怪对方为什么和自己画的不一样，这样的问题显得既不可理喻，又不通人情。在婚姻中，如果不能如实地看待对方，这种曲解就会给自己和对方带来巨大的压力和痛苦。

在现实生活中，很多夫妻都会犯这样的错误。他们年复一年地试图改变对方的想法，在自己心中给对方绘制蓝图，但无论他们如何竭尽全力，终究无法实现自己的改造大计。这是因为他们的不满和分歧主要缘于生活方式、脾气性格和价值观上的根本差异，这些差异绝非一朝一夕可以改变。如果每天为了这些固有的差异而陷入争执当中，结果就是浪费彼此的时间和生命，伤害两个人的感情和婚姻。

我们还会发现这样一个规律：在那些稳固的婚姻关系中，丈夫与妻子往往有着很强烈的共识，他们不仅相处融洽，而且还会相互支持对方的理想和抱负，并将其视为两个人共同的奋斗目标。实际上，这就是我们常说的爱与尊重，他们能够如实地看待对方不尽如人意的地方，但并不强求对方按照自己的意愿去改变，同时还能通过相互赞赏的方式来包容这些分歧，在婚姻生活中求同存异。

其实，强迫最亲密的人按照自己的意图改变，以求得内心的欣慰和快乐，这不是爱，而是一种需求，而且从长远看来，这种伎俩永远不会成功。想一想结婚时你从岳父的手中接过妻子的手后所发过的誓言，爱一个人就要接纳她的光芒与瑕疵。如果你真想妻子有所改变，最好的着手点就是改变自己。所得到的回报就是当你改变后，她会主动改变，以适应全新的你。

家的脊梁，
撑起一片天空

第1天：打破僵局靠男人

改变焦点：

目标：与丈夫陷入冷战的妻子

原因：因为一些鸡毛蒜皮的琐事和误会而互不理睬

焦虑：从冷战到冷暴力，再到长久的冷漠，婚姻将走向危险边缘

歧途：丈夫针锋相对，跟妻子发狠赌气

真相：冷战是极具毁灭性的另类沟通方式，一定要及时打破僵局

都说婚姻如水晶般需要细心呵护，即使是经过热恋而结合的伴侣，在婚后的共同生活中也会慢慢产生厌倦感，日子逐渐趋于平淡。这种变化也许可以说是婚姻不可避免的走向。这方面问题存在的原因是：恋爱时对方那些没有被注意到的缺点逐一明朗化了。一旦发现对方的不足之处，夫妻间就会因为一些鸡毛蒜皮的小事而发生争执、产生裂痕。如果这种裂痕局限于小范围，且能够及时修补，则尚无大碍，但是，一旦往大的方面拓展，很有可能会导致冷战甚至热战等难以收拾的局面。

正如侯湘婷那首《冷战》中所唱“为什么相爱的人之间，用沉默就可以宣战……冷战，越是安静越是战火频频传……有谁能告诉我现在怎么办？”歌中准确地道出了身处冷战僵局中的男女心声，也唱出了剪不断理还乱的情感现实。

陷入冷战中的男人，往往固执而倔强，摆出一副永不妥协的硬脾气；而冷战中的女人，常常口不择言地用锋利如刀的语言直击对方的要害，因为彼此太过熟悉，男人有几根软肋，她都了如指掌，可以不费吹灰之力地将盐撒在最痛的伤口上。这样的举动最容易消磨感情，久而久之，双方必然会陷入愈演愈烈的僵局，心也随之越战越远。

01 不要让冷战变成冷漠

婚姻中的爱情是一条流动的河流：会有汹涌澎湃的激流，也会有平波缓进的河段；会有显而易见的主航道，也会有旁出的支流和水下涌动的暗流。而夫妻间的冷战就是一条暗流，经常会使家庭这艘船平生波折。处于冷战僵局中的夫妻，如果不能悬崖勒马，而是任由糟糕的局面不受控制地发展下去，多年来积累的情感就会一点点干涸。等到两个人形同陌路时，就算仍然保有名义上的婚姻，那也不过是一个丢失了感情和生命的外壳。一个站在情感废墟上的人，收获的只能是心灵深处难以愈合的伤痕。

特别是女人，她们对爱的渴求往往远超过男人，从另一半处获得温暖和关怀就会感到幸福。而冷战会使女人的爱情因为没有得到滋养和呵护而逐渐凋零枯萎。正如被称为“美国存在心理学之父”的罗洛·梅所说:“爱的反面不是恨,而是冷漠。”夫妻关系也是这样,冷战的杀伤力要远超过夫妻间的冲突或争执,两个人发生冲突透露出彼此虽然有所差异或心存不满,但还带着期待改变对方的心理,如果已经从短暂的冷战变成冷暴力,最后变成长久的冷漠,彼此间漠不关心,视若空气,夫妻关系可以说已经走到了破裂的边缘。

梁杰晚上下班回到家,推开门便闻到一股方便面的味道,他朝餐厅瞥了一眼,妻子雪莹又在吃方便面。女人听到动静,抬头看了看站在门口的丈夫,没说话,继续低头吃面。梁杰哼了一声,嘴角浮现出一丝冷笑,他已经习惯了这种充满火药味的无声生活。

梁杰和雪莹刚刚结婚一年多,冷战却已两月有余,明明是新婚夫妻,却过得像有着严重过节儿的两个租客,彼此互不理睬,相看两厌,平日里都是你上你的班,我有我的工作,你做你的饭,我吃我的面。这样让人窒息的氛围,别说是当事人,就是外人看来也会觉得憋屈和抓狂。虽然两个人的心情都降到了谷底,但谁都不愿先打破僵局,他们就这样在互相折磨和死不低头中煎熬着。

两个人婚前都属于大龄剩男剩女,经过相亲走到一起,相识之初彼此都抱着差不多就结婚的想法,所以感情基础并不深厚,也不稳固。婚后,两人就开始针尖对麦芒,因为一点小事就能吵得不可开交,然后归于平静,可各自心里却一层又一层地蒙上了挥之不去的阴影。时间长了,连架都懒得再吵,进入有话就说、没话时静默的更为严重的状态，各自也都表现出一副互不相欠的模样。

而这次冷战是结婚以来维持时间最长，也是最彻底的一次，其爆发点只是一个本能说清的误会。

两个多月前，雪莹的大学同学叶超拖家带口到北京来旅游，想约雪莹一起聚聚。因为两个人是大学时期的恋人，虽然两人的关系她也跟梁杰提起过，但她担心丈夫会多想，就没跟他实话实说，只说晚上单位要加班，就和叶超一家吃了顿便饭。

晚上雪莹回到家，就去洗澡了，谁知在她洗澡时手机响了，正是叶超打来的，他想问问雪莹是否已经安全到家。看到手机屏幕上显示着叶超这个名字，梁杰的心马上紧绷起来，他接通了电话，妻子的谎言即刻被彻底揭穿。

“雪莹，快给我出来！你不是说单位加班吗？原来是去见你的老情人了！真是没想到，咱们都已经结婚了，他对你还是贼心不死，你们已经偷着约会过几次了？”雪莹听到丈夫的怒吼，赶忙从浴室里走出来，梁杰满腔愤怒地把手机狠狠地摔到了地上，女人见状赶紧解释：“我是骗了你，可事情不是你想的那样，我就是怕你多想，才没告诉你实情。他带着一家人来北京旅游，我就和他们一家吃了顿便饭。这也是我们分手后第一次见面，真没有其他的什么想法。但我不该骗你，我向你道歉……”

“你别再骗我了，你说的话我一个字也不会相信！”丈夫声嘶力竭地打断了雪莹的话，女人本想再说些什么，谁知在梁杰听来都是越描越黑的托词，他只相信自己心里认定的事实，就是老婆和旧情人约会去了，而且很有可能已经旧情复燃。女人见丈夫正在气头上，多说无益，便不再说话，想让他先冷静一下，再跟他心平气和地沟通。妻子的一番好意却再一次被丈夫扭曲地误解成：你之所以不说话，是因为做了亏心事心虚。梁杰这样想着，更是怒火中烧。

夜已深，雪莹本想借着跟丈夫亲热的机会，跟他把事情一五一十地解释清楚，不承想，她刚走进卧室，梁杰就把她的枕头和被子都扔到了地上，恶狠狠地说了句："滚到客厅睡去！"然后背过身，独自躺在床上。

雪莹被丈夫不可理喻的举动彻底激怒了："既然你这么无情，别怪我无义，看谁杠得过谁！"她在心里暗暗发誓，这次绝不能向这个小心眼的家伙认输投降。于是，从那一刻起，两个人就进入到漫漫无期且冰冷彻骨的冷战中。

慢慢地，女人觉得听不到丈夫那惹人厌烦的声音，感觉更舒坦；男人则认为没有了妻子时不时的唠叨声，日子更清静。就这样，结婚刚刚一年多的小夫妻，在这日复一日的冷战中逐渐变得越来越冷漠，心也越走越远。

心理学家认为，冷战看似是夫妻间的一种理智的处理方式，其实是最不可取、最不恰当的方式。因为冷战封死了两人之间的语言沟通渠道，使问题无法得到及时、合理的解决，这是一种极具毁灭性的另类沟通方式，一定要尽量杜绝。

俗话说得好，"男子汉大丈夫，能屈能伸"。在处理夫妻关系上男人要把握好分寸，该低头时就低头，不能像梁杰一样不问青红皂白，跟自己的女人发狠赌气。即使事情因女人而起，自己是占理一方，也没必要得理不饶人，对妻子的示好一再拒绝，最后把女人推向自己的对立面，每天都过着如同寒冬腊月般冰冷无趣的生活。

02 打破僵局靠男人

婚姻是两个来自不同家庭、不同背景的人因爱而走到一起的爱情产物，由于夫妻双方脾气秉性、生活习惯、兴趣爱好和处事方法等各方面都存在着或多或少的差异，所以，在婚后生活中不可避免地会产生矛盾和争执。如果经营不善，婚姻就会陷入冷战僵局，僵局一旦形成，要想有所突破和改善，必然需要有人主动讲和。下面介绍几招小夫妻冷战后打破僵局的办法，作为家之脊梁的男人不妨主动一点，聪明一点，用这些既能保全面子又不伤夫妻感情的小技巧，改变家中冰冷刺骨、漆黑一团的冷战气氛，给婚姻投下几道温暖的希望之光。

第一，留有余地。“冰点”降临时，被动的一方仍然可以“好话一句待回音”。小夫妻吵架，妻子的独门绝技便是抓上几件衣服，或抱上孩子回娘家。这时丈夫如果不冷静，在盛怒之下火上浇油，就会送上一句“滚吧，永远不要回来”之类的气话。反之，如果施以补救之计，如追着妻子到大门外：“你走了我可怎么生活！”“等一等，我去给你叫辆出租车！”“就当今天是星期六，明天就回来吧！”如此这般，话说到点子上，常能打动对方的心，即使她走了，但感觉总是不一样，这也为她的回归留下了余地。

第二，制造见面机会。冷战中的夫妻，想改变窘境的一方要创造一个多人在场的社交场合。如请自己或配偶的朋友来家中做客，这时碍于情面，夫妻间的冷战矛盾多少会被掩饰，男人就可以趁机与妻子套上近乎，搭上话，有意无意间吸引对方走出沉默。再如，买两张电影票，约妻子去看电影，或者一起参加社交活动，在公众场合中共同谈论其他事情，就可以顺其自然地恢复夫妻“邦交”正常化。

第三，借故示弱。早晨起床时，已经几天没和妻子说上一句话的丈夫，可以主动搭腔问妻子：“你给我洗好的那件衬衣放到哪儿了？”早已想和丈夫恢复正常的妻子见有了台阶，一定会应声道：“你这个人呀，总像来做客似的，衣服放在哪儿都不知道，我去给你拿来。噢，对了，前天还给你买了件新的，只是没有告诉你。”“是吗？快拿来看看，还是老婆好，斗气也没忘了我的冷暖。”这样一来二去，僵局自然被打破。

另外，男人还可以用以下方式：早晨或晚上表现出不舒服、不想动、吃几片小药之类的举动，都能够引起女人的关注。

第四，表现出意外的热情。下班回来夫妻见面时，是一个取得突破的好机会。男人可以制造一些所谓的“新闻”以表现出格外热情或兴奋的情绪，显得自己受一些“大事或好事”的影响，已经全然忘记了两人之间结下的不快。比如，一进门就说“太棒了，今天公司又发了奖金！”“我们买房子的事有着落了！（递过一张宣传单）你看，东五环边上的楼盘！”听到以上种种喜讯，相信对方或多或少总会给出回应。如果一次没有打动对方，那么第二天再换一个话题，一旦启开了女人

“尊口”，冷战也就随之宣告结束。

其实，不管采取什么样的方法破解冷战僵局，都不如在冷战之前，先静下心来仔细斟酌一下：冷战究竟能给我们带来什么好处？一旦冷战下去，现有的问题就能迎刃而解吗？如果两个人都不愿先低头，以后该怎样收拾残局，真的决定要离婚吗？如果想清了这几个问题，相信准备冷战或正在冷战中的男人和女人，一定知道该如何去做，才能及时化解冷战危机。

How to Change Your Wife in 30 Days

改|变|秘|诀

冷战是极具摧毁力的大规模“杀伤性武器”，既伤身又伤神，还会伤心伤感情，真能把生龙活虎的两个人炸得遍体鳞伤、体无完肤，女人丧失了温情，男人丢失了宽容。如果不及时采取挽救措施，只会给婚姻带来灭顶之灾。作为丈夫，如果你心中依然有爱，不妨收起冷战的武器，打破冷战的僵局，给女人一个台阶，给自己一个机会，主动与你的爱人进行一次真诚的交流，无论开头怎样难以启齿，不管过程怎样夹枪带棒，请敞开你男人的胸怀，用真情实意抚平“战争”留下的创伤，温暖彼此爱意尚存的心！

第2天：让女人了解你的洞穴期

改变焦点：

目标：不了解丈夫洞穴期的妻子

原因：遇到问题时，男人喜欢躲进“洞穴”静静思量

焦虑：女人觉得自己受到了无端冷落

歧途：男人一味地逃避，或心不在焉地敷衍

真相：男人的洞穴期对家庭和婚姻有着积极的意义

随着社会竞争日益激烈，男人在承担来自各方面压力的同时，更需要有自己的独立时间和空间，也就是需要有属于自己的“洞穴”，其实这种需求从远古时期就已经形成。

社会学家研究发现，印第安勇士在遭遇对外竞争和狩猎失败时，为了抚平沮丧和挫败感，他们会离开妻子，退入一个无人的洞穴中反思。在那种压力之下，他们需要有单独的时间，深入思考已经发生的事情和将来应该如何应对的问题。

正是这样的思维和行事方式，使男人在遇到问题时，也喜欢躲进自己的独立空间，静静思量，专注于问题本身，以至于暂时无暇顾及除此以外的其他事物，包括感情。一旦他们找到解决问题的方法，烦恼减轻，就会钻出“洞穴”，恢复常态。

对于男人来说，越是错综复杂的事情，越是遭遇重大的失败和挫折，他们就越需要更多的时间去独处思考。这种行为既是疗伤和恢复元气的过程，也是对过去进行总结，以及对未来进行规划的过程。

01 让女人了解你的洞穴期

男人需要洞穴期，大多是因为工作失意、遭受挫折、受到曲解、信心受创，甚至是运动损伤等，在工作、生活、身体或心理上承受一定的压力，但又不想马上向他人敞开心扉倾诉，便会找到一个只属于自己的“洞穴”，躲进去将自己放空，平复心绪和创伤。这些“洞穴”也许是一个独立的空间，比如车里、河边、小酒馆等；也许是一种载体，比如游戏、电视、书籍等；也许是一项运动，比如健身、打球、游泳等。利用这段或长或短的时间，男人会自我调适，慢慢放松紧绷的神经，恢复往日的活力和自信。

这就是大部分男人心情不好或面对压力时的一种对策，他们习惯于把事情都藏在心里，进行内部消化，不到万不得已，不会轻易麻烦别人，包括自己最亲近的妻子。那一刻，他们只想钻进自己最私密、最舒适的避难所。

宇峰在一家广告公司做文案策划工作，他花了近一个星期加班加点赶出的策划文案遭客户退回，被老板劈头盖脸一顿数落，还将这个案子交给了同一部门的其他同事接手。宇峰的情绪低落到极点，回到家，筋疲力尽，不想说话，不想干活，只想好好休息，他拿出手机，皱着眉头猛打游戏。

妻子见到丈夫回来，一言不发，还耷拉着脑袋，只顾着闷头玩游戏。妻子先给他沏了一杯茶，放到了餐桌上，之后走到他身后，轻轻地给他捏肩捶背，关切地问道："老公，今天怎么不开心啊？是不是你连夜赶的文案出什么问题了？"

宇峰敷衍着："没事没事，我玩会儿游戏。"

妻子见状却不肯罢休，刨根问底地接着问："到底怎么了？看你一进门就闷闷不乐的。"

丈夫不耐烦地说："真没事儿，嗨，你先别给我捶了，这样会妨碍我打游戏的！"

此话一出，妻子立马暴跳如雷："你这人真是狗咬吕洞宾不识好人心啊！我好心好意关心你，你不但不感激，还嫌我妨碍你玩游戏，你想过我的感受吗？"

宇峰再也按捺不住心中的怒火，把手机往桌子上一摔："我这些天快累死了，就想回到家里好好静一静，你还没完没了地唠叨。"

妻子一肚子委屈，音量明显提升了："我知道你这些天特别辛苦，所以才处处体谅关心你，你再看看你，对我这是什么态度！"

宇峰满腔怒气正愁没处发泄，两个人毫无悬念地大吵了一架，妻子精心做的晚饭一口没吃，一连好几天谁也不理谁。

这样真实的场景对于婚姻中的男女来说，可能早已司空见惯，这就是男女之间的差异而导致的沟通不畅，正如约翰·格雷博士所说"男人来自火星，女人来自金星"，很多时候情侣或夫妻之间的分手或离异都是两性之间的思维差异造成的。只有正确理解男人和女人之间存在的差异，才会使爱情和婚姻长久保鲜。

当男人进入洞穴期时，不妨对自己的妻子直接明了地说："我需要一点时间想一些事情，一会儿就好，等我调整好自己，我们再谈。"给妻子一个明确的"闭关"信号，让她知道你即将进入自己的"洞穴"。大多数妻子都不会再继续追问下去，而选择安静地走开，留下一方空间给男人。而男人等到自己情绪恢复正常时，一定要实现"闭关"前的承诺，主动和妻子推心置腹地去沟通，并将男人解压的特殊方式向她说清楚。

02 杜绝虚假洞穴期

男人的洞穴期对于家庭和婚姻关系有着积极的意义，男人在这个避难所休养生息之后，可以找到全新的自我，以一种重获新生的完美姿态回到妻子身边，进而也将恢复原有的体贴与温柔。

与此同时，男人的洞穴期虽然应该被妻子所理解，但却不代表可以肆意妄为，并成为男人所有逃避行为的合理借口。在夫妻间的亲密关系中，正常的洞穴期需要被妻子理解和接受。但对于有些男人的那些不良嗜好，却不能假借自己处于洞穴期，而奢求获得妻子的认同。比如，长时间地逃避工作，没有上进心，并处于消极懈怠的状态；总是忙于各种没必要参加的无效应酬，很晚才回家；宁肯躲出去闲逛，也不愿意花费时间和精力陪伴孩子；将兄弟友情凌驾于夫妻和家人的爱情与亲情之上，一切以兄弟为重；长期沉迷于手机游戏，无法自拔；把大量的时间浪费在手机上，甚至通过虚拟网络结识其他异性，填补精神空白……

面对这些很容易与洞穴期混为一谈的相似问题，男人要积极地加以甄别，并找出解决方法，及时调整和改正。男人千万不能因为一己之私，而将有些不良嗜好强说成是“洞穴期”和“自由空间”，否则只会消磨女人的耐心与信任，直至走向一个极端：对你彻底死心，不理不睬。一旦出现并纵容这样的局面肆意发展，很有可能会导致家庭的解体。

How to Change Your Wife in 30 Days

改丨变丨秘丨诀

在日常相处过程中，男人们要随时意识到，当你正津津有味地独自反思时，你的冷漠疏离和忽略排斥会给自己的妻子带来极大的困扰，很多女人并不了解男人的洞穴期，她们的情绪是相对脆弱的，会因为觉得自己受到了无端冷落而感到孤立无援。所以，男人在意识到洞穴期对妻子有不好的影响时，要尽量收敛，并说出你的想法，倾听她的诉求。女人在了解你的真实想法、表达她心中的困惑后，很快就会变得积极愉悦；男人也会发现正确地表述和认真地倾听也是一种很好的减压方式，既有助于忘却自身烦恼，也能给妻子带来满足。

第3天：成为她心中的“潜力股”

改变焦点：

目标：对丈夫寄予厚望的妻子

原因：男人的事业值在很大程度上影响魅力值

焦虑：担心丈夫过上了“20岁死，80岁埋”的无意义人生

歧途：仗着长辈余荫，整天过着不务正业、混吃等死的日子

真相：进取心和事业心体现一个男人的担当与责任

长久以来，人们经常用财富、权力和地位等硬件条件来作为衡量男人是否成功的标准。在很多女人看来，男人的事业值在很大程度上影响魅力值。但成功需要一个过程，刚刚走出校园的毛头小伙，如果不依靠父母的支持，很难在短时间内完成财富积累。对于有责任心的好男人，空有一腔赚钱的热情远远不够，因地制宜的筹划、脚踏实地的进取才是开辟事业的原动力。男人不必坐拥百万、千万身家，但却要成为女人心中的一只“潜力股”，具备养家的能力，才能给女人带来经济方面的安全感。

01 男人的进取心是婚姻的未来

现如今这个社会最可怕的不是贫穷，而是贫穷还不思进取。很多女孩子在谈恋爱时可能并不会十分看重所谓的进取心，但是一旦到了谈婚论嫁的地步，那么衡量一个男人的优劣就不再局限于外貌的标准，而会转入更深层面的进取心和责任心上。

阿尔贝·加缪曾说：在隆冬，我终于知道，我身上有一个不可战胜的夏天。有进取心的男人就像加缪所说，即使天寒地冻、寒风彻骨，在他的身上也会有如夏天般的热情和激情。这样的男人，能够以不畏艰难的灿烂笑容面对妻子和家人，因为他的世界观、人生观和价值观都是积极向上的。

阿福是从小在山沟里长大的男人，上面还有两个哥哥早早娶了妻、生了子。等阿福到了成家的年龄，年迈的父母早已家徒四壁，捉襟见肘，两个哥哥也是自顾不暇。他虽与阿霞情投意合，却是上无片瓦遮身，下无立锥之地，更别说给阿霞的彩礼了。无奈之下，阿福只身一人辞别了父母和阿霞，走出了大山，到城市中去打拼。

在省城外来务工人员聚集地，他看到有不少建筑工地都缺少干体力活的年轻人，还都包吃包住，便跟着包工头去了一处工地，第二天就热火朝天地干了起来。转眼一年过去了，阿福省吃俭用，不仅攒够了盖房子的钱，连阿霞的彩礼也都有了，所有的起早贪黑在这一刻得到了最丰厚的回赠。

一天晚上，阿福和工头在简陋的宿舍吃饭，因为阿福平时干活从不惜力，又热情好学，工头对他青睐有加，几杯酒下肚，就跟他道出了自己心里的苦恼，原来工地干活的人少，经常耽误进度，开发商已经数次对他发难警告了。这句牢骚话成为阿福的机会，他赶忙主动请缨，说回老家拉队伍出来，为工头解决燃眉之急。第二天，阿福带着近一年的工钱回家了。

听说阿福出去打工不仅攒够娶媳妇的钱，还准备带上一帮兄弟去城里干活，这样振奋人心的好消息在村子里不胫而走，年轻人纷纷准备跟着阿福走出大山。几天后，阿福带着阿霞和十几个青年回到了工地，当起了小包工头。阿霞每天就在工地给大家做饭，阿福在工作之余，买了很多相关的专业书，不断充电。不出一年，工程保质保量地按期完工了。阿福和他的包工队不仅有了一笔可观的收入，也得到了业内人士的认可，随后又在一个工地上揽到了一项大活。

阿福是一个进取心极强的年轻人，在完成了几项工程后，他拿出了一部分积蓄，并通过银行贷款成立了一家建筑公司，直接参与开发商的竞标，几年下来生意越做越红火。他和阿霞的二人世界也变成了四口之家，并在城里买了房，把父母也都接了过来，一家人其乐融融，共享天伦之乐。

人们常说：穷则变，变则通。其实，只要男人懂得穷则思变，敢于打拼，有一颗不断进取的事业心，不仅美好的前程指日可待，还能给家庭带来物质水平的提升。幸福虽然不能完全用金钱和物质来衡量，但这些却可以让妻子看到生活的希望和未来的前景。

逆境中，男人要学会自强上进，不能怨天尤人、光说不做，只要肯主动地去改变现状，就能为自己和家人播下希望的种子。而在顺境中，也不能骄傲自满、故步自封，否则就会陷入坐吃山空的窘境。

02 坐享其成终会一无所成

人无论贫富与否，一定要有自己为之奋斗的一份事业，这样的人生才不会被空耗，才过得充实有意义。男人如果失去进取心和事业心，既无法撑起家庭的重担，也不能给家人带来最起码的安全感。一味地依靠长辈余荫度日，虽然衣食无忧，甚至奢靡依旧，却与寄生虫无别，久而久之，婚姻必将走向落寞与衰亡。

方梅和天兵是青梅竹马的一对恋人，双方父母是生意上的合作伙伴，多年来相互提携帮衬，成为至交。两个孩子能够走到一起，对于父辈人来说是求之不得的双赢喜事。

大学毕业不久，两个人喜结良缘，婚后住进了父母早已为他们准备好的别墅，过起了丰衣足食的小日子。方梅面对优越的生活环境，并没有深陷其中，她希望夫妻二人能够通过自身的努力，开辟出一片新天地，实现自我价值，不能整天待在家里成为啃老一族，坐吃山空。于是，她拒绝了父母让她在家当全职太太的建议，到一家知名外企应聘，从最基层的文员做起。

但天兵却是一个安于现状的男人，从小泡在蜜罐里长大，不仅不习惯朝九晚五的辛苦工作，就连父母为他提供的主管职位也懒得担任，每天不是窝在别墅里打游戏，就是开着跑车和其他富二代去赛车，日子过得逍遥自在。

方梅工作了一段时间后，学到了很多专业知识，熟悉了职场规则，并见识了不少白手起家的优秀企业家。每天下班后，她都想和丈夫分享自己的收获，并希望天兵也能到职场中历练一番，以后可以为父母分担重担。可天兵对妻子的好言相劝丝毫不感兴趣，也完全听不进去，依然我行我素地玩游戏、看电视，这让方梅感到很失望。

久而久之，两个人开始为此发生争吵，方梅一再劝天兵要自食其力，不能总活在父母的庇护里，但天兵却振振有词地说：“我的好几个哥们因为盲目投资，没赚到钱不说，还把老爷子投的启动资金都赔得血本无归，我现在这样总比他们强多了！再说，就算咱们什么都不干，父母的钱下辈子都花不完，自己根本没必要再去创业瞎折腾。”

新婚不久的小两口就这样在心里慢慢产生了分歧和裂痕。后来天兵竟然怀疑方梅在工作上遇到了其他男人，移情别恋，所以才总和自己过不去。无休无止的激烈争吵和毫无根据的猜测与怀疑，让方梅对这个从小一起长大的丈夫失望透顶，最后不得不提出了离婚。

一个大男人，最让女人失望的事情一定包括不务正业、混吃等死。虽然方梅和天兵依靠父母已经提前过上了别人奋斗一辈子也未必能够拥有的富足生活，但这却不能成为不思进取、坐享其成的理由。

天兵表面上的现世安稳恰恰折射出内心里的百无聊赖，年纪轻轻就在太平盛世中怡然自得，既无精彩可言，也会消磨斗志，如此从20岁一眼望到80岁，再有耐心的人也熬不下去。因此，男人是否有事业心不仅可以看出一个男人的发展潜力与未来，还能看出男人的担当与责任，这是女人所需要的一颗定心丸。

How to Change Your Wife in 30 Days

改丨变丨秘丨诀

无论生活赐予我们的是富贵还是贫穷，男人都要抱有一颗不断进取的事业心。古人云：天行健，君子以自强不息。奋发向上的精神，自古以来就注入了男人的血液，只待生活的历练将这种精神唤醒，并全面激发，因此而成为男人迈向事业成功的第一步。有上进心、壮志凌云的男人生命中如同充满了阳光，万物荣生，枝繁叶茂，在自己获得成就的同时，也让妻子和家人深感心安。

第4天：不要赢了事业却输了婚姻

改变焦点：

目标：由于丈夫整日忙于工作而备受忽视的妻子

原因：男人为了实现自我价值、为了家人丰衣足食而忙碌

焦虑：钱有了，爱人却不见了

歧途：男人认为生活的富足等同于家庭的幸福

真相：家庭和事业不是单项选择题，要兼顾内外，缺一不可

自古以来就有“成家立业”之说，我们不必纠结于到底是先成家，还是先立业，而要懂得这两个词本属并列关系，成家和立业不能割裂开来，它们有着同等重要的地位。

对于很多男人而言，似乎生活的富足就等同于家庭的幸福，而事实却并非如此。越来越多的人逐渐意识到物质和精神同等重要，但是，大多数男人在20—40岁这一重要的年龄阶段，都义无反顾地选择了事业。这样的选择无可厚非，男人一心为事业，除了满足自己的雄心壮志，也是出于对家人的爱与责任，只是不能因此而走到家庭的对立面，全然忽略家庭的存在，甚至在家庭中处于长期缺席的状态。

生活本身赋予我们每个人不同的角色，女人如此，男人更是如此。只有把握好度，两者兼顾，我们才能在不同的角色中自如地转换，既要搞好事业，又要照顾好家庭，力争面面俱到、两全其美。

01 赢了事业却输了婚姻

在很多女人心里，都住着一个近乎完美的男人。这个男人事业有成，对家庭也备加关爱。但在现实生活中，这两者却常常如同鱼和熊掌般不可兼得——成功的男人不顾家，顾家的男人太安逸，两者似乎难以找到平衡点。

在外人眼中，淑君是一个幸福的女人，老公身家千万，住豪宅、开豪车，锦衣玉食，外出有司机，回家有保姆，这是多少女人梦寐以求的生活。朋友说她像在天堂一般，过着不食人间烟火的美满生活。每当这时，她都会无奈地摇摇头说："唉，其实该被羡慕的人是你，每天早上睁开眼就能看到自己的爱人，晚上两个人还能相拥而眠。而我早上睁开眼是空荡荡的房间，晚上仍然是独守空房。"

淑君和老公朱明在恋爱时，淑君的妈妈因为朱明是个一穷二白的山里娃而坚决反对，淑君不顾家人的一再阻拦，坚定地偷出户口本，和朱明裸婚了。领证的那一刻，朱明热泪盈眶地将妻子搂在怀中，心中暗暗发誓，一定要混出个名堂，让淑君在家人面前扬眉吐气。而淑君的父母看到生米已经煮成了熟饭，毕竟心疼独生女儿，还是为他们准备了婚房。

婚后，朱明辞掉了小文员的工作，开始了艰难的创业历程。那时，两个人为了节省开支，将父母给他们准备的婚房租了出去。两个人白天在店里忙前忙后，晚上就在店里打地铺，经过几年的不懈努力，终于苦尽甘来，淘到了人生的第一桶金，事业也随之风生水起。

而后淑君将全部精力转向了家庭，相夫教子，孝敬老人。如今，儿子在一所全日制寄宿重点小学上四年级，公婆也先后去世，淑君的生活轻松闲逸，却也百无聊赖。而丈夫朱明每天都如空中飞人一般，有时一天要跑三个城市洽谈战略合作。就算不出差，也是披星戴月，凌晨回家，妻子已经进入梦乡，早上妻子醒来，他已不见了踪影，两个人经常一星期也见不上一面。淑君有时也会到公司去看朱明，但他不是在开会就是在去别处开会的途中，十有八九说不上两句话。两个人就这样一个日理万机，一个闲云野鹤，有如两条平行线一般，互不打扰地过着日子。

只有逢年过节，朱明才会抽出短暂的时间和家人一起享受家庭时光。每每此时，淑君都会不无感慨地说："真想回到从前的穷日子，至少那时我们每天都能够在一起，而不是像现在这样过着牛郎织女般的生活。"朱明听到这样的牢骚，只是笑笑，他认定只要自己的事业越做越大，钱越赚越多，就一定能让淑君越来越幸福。

殊不知，正是他这样长年累月对妻子的忽略，寂寞的淑君通过网络找到了新的感情寄托。子强是一个既开朗健谈，又会哄女人开心的小伙子，很快，他们从线上网恋发展成线下情人。淑君在清醒时对自己的出轨行为深感自责，但一见到子强便会再次沉沦到他的怀抱中无力自拔。

终于，妻子的秘密被丈夫发现了，朱明发疯般地质问淑君："为什么要这么做？我夜以继日地工作都是为了你和这个家，你居然背叛我！"淑君看着疯狂的丈夫，平静地说："我需要的是一个有血有肉爱我的丈夫，不是一个毫无温情的成功商人！"

我们总是希望能挣到更多的钱，认为那才是实实在在、握在手中的幸福。就像文中的朱明为此而整日奔波忙碌，为了实现自我价值，为了家人丰衣足食，为了让自己的女人感受到天上人间般的幸福快乐。但渐渐地，钱有了，爱人却不见了，这时才真切地体会到何为赢了事业却输了婚姻的人生悲凉。

事业对于男人来说确实举足轻重，但事业成功与否，并不是检验男人是否成功的唯一标准。在妻子抱怨丈夫不顾家时，男人回答的口径会高度保持一致："我做了那么多，还不是为了这个家！"男人在外打拼，确实十分辛苦，但一定要谨记的是，一个男人是否对家庭尽到责任和义务，跟他的事业是否成功并不能简单地画等号，事业只是其中一方面的体现而已。很多事业有成的男人并没有因此而减少对家庭的照顾与关心，归根结底，事业上的成功，不能以忽视家庭为代价。

02 家庭事业缺一不可

作为一个已婚男人，一定要明白事业和家庭并不是一道单项选择题，二者只能择其一，而是完全可以把它们归类到一处，做出合理的统筹和安排。因为工作再忙，也不可能从早忙到晚，连见缝插针的机会都没有，所以偷得浮生一刻闲的时间就能关照一下家里的大小事宜，这一点是完全可以做到的。哪怕没有办法陪伴在家人身边，至少可以保证每天一个问候的电话或视频，关心一下妻子和孩子过得如何，也许你的简单问候，就会带给家人无限的期盼与温暖。

仕鸿是一家美国上市公司的亚太地区副总，在业内享有较高声望，是典型的精英一族。他和妻子是研究生同学，两个人恩爱有加，有一对可爱的儿女。事业家庭两得意，这让仕鸿成为同事和朋友眼中最幸福的男人。

和他级别差不多的其他同事和朋友，总是为不能同时兼顾事业和家庭而苦恼不已，经常会向他讨教秘诀，怎样才能将这两件大事处理得妥妥当当？仕鸿笑了笑说："我也没有那么多精力都能兼顾到，即使是现在还有很多不足之处。我之所以能在百忙之中抽出时间兼顾家庭，就是将每天的日程表规划妥当，无论再忙，也要挤出'家庭时间'。"

了解他的朋友都知道，仕鸿所言不虚，以前他也是一心扑在工作上，连女儿出生都没能赶到医院去探望和陪护，直到女儿出生的第三天，才匆匆忙忙从国外赶回来，这件事一直让他耿耿于怀。从那以后，他决定要改变现状，并聘请了一位经验丰富的秘书，为他做好周密的时间管理，安排好每天的"家庭时间"。如果儿子学校有开放日活动，他一定会把时间安排妥当，和妻子共同参加儿子的活动，尽量多地参与孩子的成长瞬间。除此之外，每周也会安排半天到一天时间，带全家一起郊游。时间挤挤总是有的，只要做好时间管理，将“家庭时间”列入每日的计划，就可以抽出时间和家人共度美好时光，做到家庭与工作两者兼顾，不再偏废。在仕鸿的影响和带动下，朋友们纷纷效仿，之前的烦恼也日渐缓解和摆脱。

男人不管在事业上取得多大的成功，作为丈夫、父亲、儿子的家庭角色，都无法由他人代劳，这些角色责任的履行，全都要求男人亲力亲为。一个家庭和事业双丰收的男人，一定可以平衡家庭与事业，做到内外兼顾。良好的家庭生活是事业发展的稳定剂和助推力。因此，男人们如果真正爱自己的事业，那么先要爱自己的家和亲人，否则一旦后院失火，前庭必然遭殃！

How to Change Your Wife in 30 Days

改丨变丨秘丨诀

虽然男人的进取心和事业心能给女人带来经济方面的安全感，但如果一心只扑在工作上而完全忽略了家人，却是婚姻生活中的大忌。男人为事业打拼的终极目标并不是财富的积累和较高的地位，而是为了家人的幸福生活。因此，平时工作再忙，也要对两者做出合理的安排，找到一个平衡点，不能顾此失彼，更不能赢了事业却输了婚姻。

第5天：不把负面情绪带回家

改变焦点：

目标：受到丈夫负面情绪影响的妻子

原因：丈夫在工作和生活中遇到困难和挫折，积压了怨气

焦虑：糟糕的情绪像瘟疫一样蔓延，让家人深受其害

歧途：把最亲的家人当作出气筒泄愤

真相：烦恼和忧愁远离家人，开心和快乐留给家人

胡适先生曾说过，世间最可恶的事莫如一张生气的脸。的确，最幸福的事情莫过于每天都能看到家人那一张张无忧无虑的笑脸，它无关风雨和富贵，只与简单和快乐相关。现实生活中有些男人，在家庭生活中处于核心，一家人的情绪都维系在他一人之上，他露出笑脸，全家人都喜出望外，他心情不好，全家人都跟着愁云惨雾。长此以往，会给家人和孩子带来极大的心理压力，既不利于家庭和睦融洽，也不利于孩子健康成长。

在竞争压力日益加剧的今天，男人们所要承受的工作、家庭和生活等各方面的压力可想而知，而且经过包装的男人世

家的脊梁，撑起一片天空

男人在工作上受了窝囊气，怨气积压在心中，回到家却把坏情绪传递给家人。结果旧恨未消，又添新愁，之后便会进入一个恶性循环当中，最后的苦果还是要自己承受。

男人有着多重身份和多个角色需要去诠释和演绎，生活幸福与否，在于是否懂得角色之间的灵活变换，懂得在不同环境中展现不同的自我，懂得在面对自己失控的情绪时能够有效把控。

界是成功和强者的代表和象征，不允许出现消极与脆弱，社会赋予男人的标准也是高端而严格的。因此，男人们为了适应和紧跟社会秩序，不得不“强撑”着扮演自己的角色。为此，当男人们每天早上走出家门，便掩藏起真实的自我，戴上粉饰过的面具示人。久而久之，面具慢慢混入了真我之中，成为脱不下的武装。

01 不把负面情绪带回家

社会对男性是否成功的评价标准常常简单体现为是否事业有成，因此男人会格外看重事业，工作中的每件事都可能牵动他们的情绪。但不管怎样男人都应谨记这个定律：即使在工作中遇到了不开心的事情，也千万不要将这种负面情绪带回家。否则，不仅无法将其消减和摆脱，反而会让原本快乐的家庭生活受到坏情绪的沾染，给家人和生活蒙上阴影。

杨浩是某家外贸公司的销售经理，每天会接触到形形色色的人与事。回到家后，他经常会向自己的妻子讲述公司发生的事情，有时候也会把一些有趣的客户和有意思的案例讲给她听。即使工作中遇到一些困难，杨浩也会告诉老婆自己是如何把棘手的问题解决的，一副“兵来将挡，水来土掩”的气势。妻子每天最放松的时刻就是听老公给自己讲他的这些“丰功伟绩”，并由衷地为丈夫的干练豁达与乐观向上点赞。

但外表再强大的男人也有内心受伤与脆弱的时候。一天，杨浩去见一位极为难缠的客户，他手下的几员大将都已纷纷“折戟沉沙”。这是一项大业务，如果能够签下来，他们部门就能提前三个月完成全年的销售任务，他必须要把这块硬骨头啃下来。谁知他也遭受到和之前几位部下同样的厄运——那位来自世界五百强公司的客户，仅从眼神就透出浓浓的傲慢与鄙视，言语间更是充满了挑衅和不屑，提出了很多无理要求和霸王条款。杨浩面对这样不可理喻的客户，隐忍着心中的怒气，毕竟几千万的单子不是那么容易就能拿下的，他赔了无数笑脸，说了不少好话，才算给他们这笔业务留下了一丝生机，但后面还将面临更大的挑战。

在回家的路上，杨浩感觉自己的脸都笑酸了，满脑子都是一整天自己赔笑的面孔和那个客户的嚣张嘴脸，他深感自己受到了奇耻大辱，却又无处发泄，想想后面继续跟进的难度之大，更是让他一筹莫展。

回到家，杨浩便将车钥匙、外衣、手包一件一件恶狠狠地摔到了地上，并一把推开笑脸相迎的妻子回到书房，关上门生闷气。妻子站在客厅不明就里，以为丈夫是在对自己无缘无故地发脾气，也不由得生起气来，坐在沙发上继续看电视，对杨浩不理不睬。而在书房的杨浩见老婆对自己漠不关心，更为恼火。两个人一夜无语，并第一次分屋而眠。本来是工作上的不愉快，男人却将战火引到了家中，伤及了等他回家的妻子，还引发了两个人的冷战，的确不是明智之举。

其实，在我们日常生活和工作中，像杨浩这样的情况屡见不鲜，自己在工作上受了窝囊气，怨气积压在心中，回到家却把最亲近的家人当作出气筒泄愤，把坏情绪传递给家人。结果旧恨未消，又添新愁，之后便进入一个恶性循环当中，最后的苦果还是要自己承受。这样的恶性循环在心理学的亲密关系中被称为“踢猫效应”。

关于“踢猫效应”有这样一个故事：某公司董事长为了重整公司事务，许诺自己将早到晚回。有一次，他在家看新闻太入迷以致忘了时间，为了不迟到，他在公路上超速驾驶，结果被警察开了罚单，最后还是耽误了时间。这位董事长愤怒之极，回到办公室时，为了转移他人的注意，将销售经理叫到办公室训斥了一番。

销售经理挨训之后，气急败坏地走出董事长办公室，将秘书叫到自己的办公室并对他横加挑剔一番。秘书无缘无故被人挑剔，自然是一肚子怨气，就故意找接线员的碴儿。接线员无可奈何、垂头丧气地回到家，对着自己的儿子大发雷霆。儿子莫名其妙地被父亲痛斥之后，也很恼火，便将自己家里的猫狠狠地踢了一脚。

这个效应描绘的是一种典型的坏情绪的传染，人的不满情绪和糟糕心情，一般会随着等级和强弱组成的社会关系链条依次传递，由金字塔尖一层一层慢慢地扩散到最底层，无处发泄的最弱小的群体就会成为最终的受害者。在婚姻中，这种糟糕的心情或者情绪便会像瘟疫一样蔓延，最后带给自己最亲的家人，使他们成为“踢猫效应”链条末端无辜的受害者。

虽然人经过情绪发泄之后，心情可以得到暂时的缓解和复原，但这种效果并不会长久维持，而是会不断死灰复燃。而且利用这种方式发泄情绪之后，人会在潜意识里生出凡事都可以诉诸暴力，没有必要自我控制和压抑的心理投射，最后有可能演变成家庭暴力和群体暴力事件。

就像杨浩把在外面所受的怨气发泄到自己妻子身上一样，妻子成为最终的受害者。即使双方冷静下来之后，还可以重归于好，也并不代表妻子对他的迁怒毫不在意，她只是选择了默默地承受。在妻子的内心深处，可能还会对丈夫有些失望，曾经树立的光辉形象也会大打折扣。可见，是杨浩自己的负面情绪给妻子造成了直接的伤害，同时也伤害到了自己。

02 好情绪留给最亲近的家人

心理学家维克托·弗兰克有一句名言："在任何极端的环境里，人们总会拥有一种最后的自由，那就是选择自己的态度的自由。"这句洞彻自我的感悟，源自他那惨绝人寰的亲身经历。被关进纳粹集中营，就意味着九死一生。但他们中的很多人并不是被外力折磨致死，而是因自己心智脆弱抑郁而终，他们从"为什么是我"的愤怒和恐惧，逐渐变成"这就是命"的消极接受，其间慢慢积累下大量的负面情绪，终于彻底精神崩溃，没能熬到最终胜利的到来。但弗兰克亲眼看到，还有另一些人不但跌跌撞撞地活下来，还变得更加无坚不摧。他们每天用玻璃片把胡子刮干净，昂起高贵的头面对苦难。

现如今的人们，尽管不会每天面临生死抉择，但男人们肩负的重任依然沉重，扮演的角色依然众多，承担的责任也日益增加。正因如此，对待压力的态度，决定了一个人到达的高度，而男人的修养体现在，不把压力带回家。

忽然想起一个特别有爱的小故事，有一位爸爸，每天回家都是笑逐颜开，对孩子们更是关爱有加，见证和陪伴了他们每一个关键性的成长时刻。

一天，懵懵懂懂的孩子问爸爸：“爸爸，你永远都不会有烦恼吗？”

这位爸爸笑了笑回答道：“当然有啊，但我的烦恼在进家门见到你们之前，都挂在门口那棵烦恼树上了。”

孩子们不解地看着他。

爸爸说：“每天进家门前，我会把一整天工作上遇到的烦心事统统挂在烦恼树上，回到家后就是开心快乐的。因为烦恼和忧愁要远离家人，而开心和快乐则要永远留给家人。”

这才是男人对待家人的正确方式。我们每个人，都有多重身份和多个角色需要自己去诠释和演绎。生活幸福与否，就在于你是否懂得角色的灵活变换，懂得在不同环境中展现不同的自我，懂得在面对自己失控的情绪时能够有效制怒。

我们也必须承认，男人并非铁打的汉子，他有他的脆弱与无奈，在面对困难和挫折时，若将这些负面情绪一味地闷在心中，久而久之极易憋出“内伤”。

男人可以在回家路上，采取自我调节的方式，先行消化一部分负面情绪，比如一上车就把广播调到一个比较轻松愉快的频道，可以直接有效地改变当时的郁闷心情，或者把车开到一个相对安静的地方，给自己腾出一个自由空间，把心中的负能量释放，待到自己的情绪回复到相对平静的状态，再回家。

回到家后，适时采取合适的方式和妻子沟通，将事情的前因后果一一说明。妻子一定会耐心地倾听，并给予心灵上的慰藉，也许还能站在不同的角度提出合理化的建议和意见，这样就可以使自己心中的烦恼烟消云散，夫妻关系也在这样的开诚布公中更加融洽和睦。

How to Change Your Wife in 30 Days

改 | 变 | 秘 | 诀

无论好情绪还是坏情绪，都会在你我周围潜藏着，等到时机成熟时便会慢慢地扩散开来。快乐的情绪能够给家人在一天紧张的工作和学习后，带来轻松和慰藉；而糟糕的情绪则会如同瘟疫一样蔓延，最终通过自己的无端发泄伤及无辜。因此，如果希望能够做一个带给家人幸福快乐的男人，就要尽量保持乐观平和的心态。即使白天的工作有着诸多不如意，也要在进家门之前把烦心事和坏情绪放在心底，拒之门外，卸下自己的沉重包袱和武装，换上一张笑脸去面对家人，成为家之脊梁。

第6天：父爱如山

改变焦点：

目标：对丈夫不管孩子而叫苦连天的妻子

原因：受“男主外，女主内”传统思想的影响

焦虑：父性教育的缺失，可能会使孩子在性格和人格形成过程中有明显缺陷

歧途：缺席孩子的成长瞬间，变成挂名爸爸

真相：父性教育是孩子人生基本信条形成的基础

朱德庸曾说过这样一段话：“结婚第一年：两人为爱情而活。结婚第二年：两人为婚姻而活。结婚第三年：两人为孩子而活。”事实的确如此，新婚期花好月圆、情深意切的初级阶段毕竟不是婚姻的主旋律，这一段的生活是“诱人就范”的引子，接下来能够演奏出怎样的旋律全靠两个人的默契与磨合。之后，日渐归于平静的乐曲，会因为孩子的降生而以雷霆之势迅速增加一篇更为激昂澎湃、跌宕起伏的篇章，也会从此改变生活的主旋律。

有了孩子的家庭，生活轨迹会发生重大改变，而父母对于孩子的影响也将贯穿始终。在谈到家长对孩子的影响时，人们首先会想到母亲，但从实际情况来看，父亲的关怀和教育对于孩子也很重要，有时甚至高过母亲。举一个很简单的例子，如果要问孩子你最崇拜的人是谁，他们给出的答案绝大多数都是自己的爸爸。爸爸是闯进孩子幼小的心灵里的第一尊“神”，他高大伟岸，无所不能，而父亲对于孩子今后的成长也有着重要且深远的影响。

01 父亲的一举一动都是孩子的榜样

父亲在孩子的成长教育中有着特定的引导作用，他以身作则地给孩子表明男人在生活中应该扮演什么样的角色。家庭主导文化在很大程度上决定了爸爸在一个家里的权力和地位。

在男人被视为优势社会群体的文化中，父亲代表着权力和权利，有这种父亲的孩子，他们觉得男人理应是力量、效率和实力的象征。尽管现在这样的男人形象正在被异军突起的“女汉子”颠覆，但这种男性优势的形象依然深入人心。这种男性优势形象会通过一系列的社会现实一次次加以巩固。

女人在选择终身伴侣时一般会倾向于高大威猛、有责任心的男人。婚后，这些家庭普遍会以男人的事业为主，妻子为辅，继续秉承“男主外，女主内”的传统理念，使男人成为顶梁柱的代名词。因此，父亲的言辞和决策能力，对于孩子的成长会产生或鼓励或挫折的影响。当产生正面影响时，父亲陪伴孩子的有限时间不但不会因其短暂而削弱影响，反而会增强单位时间产生的有效价值，孩子会特别期待和珍惜与父亲为数不多的相聚时间，且只要母亲不使孩子和父亲产生对立心理，孩子还会以父亲为榜样，有意无意地模仿爸爸的行为。

一个阳光明媚的周末，叶先生带着他7岁的儿子去游乐场，在排队玩摩天轮时，一个身材魁梧的男人冒失地撞到了叶先生。儿子马上拉住爸爸，关切地问道："爸爸，你没事儿吧？"同时，愤怒地看着那个男人，喊了一句："你干吗撞我爸爸？"

叶先生赶忙说道："儿子，可不能这样对别人说话，这位叔叔不是故意的。"这时，那个男人也不好意思地连连向他道歉。儿子听到爸爸的责备，惭愧地低下了头。

过了一段时间，叶先生来学校接儿子回家，发现儿子走路一瘸一拐的，他挽起儿子的裤子一看，膝盖破了一大块皮，鲜血直流。叶先生心疼不已，赶快带儿子到学校的医务室把伤口处理好，并找到班主任老师询问情况。老师也感到奇怪，一整天都没听同学们提起过这件事，仔细一问才知道，他是课间被同学撞倒碰伤的。

叶先生不解地问儿子："为什么不告诉老师呢？好让老师帮忙处理一下伤口。"

儿子一本正经地说："爸爸，小朋友不是有意弄伤我的呀！他看到我腿流血了，特别难过，并且跟我道过歉了，如果我再去告诉老师，他会更加自责难过的。"

叶先生听了非常高兴，抚摸着儿子的头说："好孩子，你已经学会了谅解别人。"

年幼的孩子缺乏辨别是非的能力，他们会下意识地模仿父母的行为。爸爸是孩子的榜样，一举一动、一言一行无论好坏都会成为孩子的模仿对象。好的言谈举止被模仿，起到的作用远胜于长篇大论地讲道理；而坏的行为言语，也会在孩子幼小的心灵上生根发芽，很难加以扭转和改变。可见，爸爸作为孩子的第一尊“神”，对孩子在语言行为、思维方式等方面潜移默化的影响极为深远，所以必须要随时规范自己的言行，为孩子做出表率，才不至将孩子引向歧途。

文中的叶先生在不经意间为儿子做了很好的榜样，他当着孩子的面身体力行地展现了谅解他人的示范，所以当儿子遇到类似的情况时，也会按照爸爸的方式去对待其他的小朋友，在潜移默化间给孩子树立了一个正面的典型，并将这样的正能量深深地植根于孩子心中。

这也印证了美国爱家协会斯坦通的观点，他认为，父亲若能积极参与孩子成长，孩子会更独立，更有同情心，更健康，也更容易成功，做功课时会思想集中，不易与老师发生矛盾。他的研究成果显示，相对于母亲单方面的教育，有父亲参与进来，孩子的发展要好50%。

02 父亲的稳定情绪带给孩子最健康的爱

孩子不分场合大哭大闹，应该是最让父母尴尬的一件事情。看到这个肆无忌惮的“小疯子”在大庭广众之下尽情表演，很多父母都会站在“惹事者”的角度，对孩子进行各种威逼利诱。

其实，遇到这种让人备感狼狈的场面，父母的处理方式至关重要。根据所采取的不同态度和方法，我们既可以直接了解到父母日常对孩子的情绪教育方式，也可以看出父母的应变能力和情商高低，这些都会影响到孩子日后的人生成长轨迹。在这方面，美国演员贾斯汀·巴尔多尼在对孩子的情绪教育上堪称典范。

这位爸爸曾不顾自己好莱坞明星的身份地位，发帖分享了一张女儿趴在超市地上失控哭闹的照片，并有感而发地说出了自己当时的心情。这种让人颜面尽失的“家丑”非但没有影响到他的形象，反而引来了20万网友的点赞和超过4万多次的分享，同时引发了8000多条网友的热烈讨论留言，成为当时的一大热帖。

贾斯汀·巴尔多尼集电影电视演员、导演、音乐制作人、前高中足球明星等多重身份于一身，这些层层光环傍身的角色中，他最钟爱的身份却是“两个孩子的爸爸”！

在现场，身为孩子保护神的妈妈淡定地拍下这个令人尴尬无比的画面，这一幕是让所有父母都会为之却步的共同噩梦：自家娃在公共场所完全失控，狂哭尖叫，并使出最致命的撒手锏——躺在地上撒泼打滚。

但是与女儿“画风”完全相反的是画面上方那两个气度不凡的男人，他们从容自若地低头观看着这个被“小恶魔”暂时“附体”的漂亮小姑娘，不为所动，没有指责，没有愤怒，更没有大人间相互推诿的争吵，甚至他们的嘴角还呈现出微微上扬的谜一般的微笑。

这两个男人，一个是爸爸，一个是爷爷，他们不按照常理出牌，没有气急败坏地从地上拎起这个“丢人现眼”的小姑娘，风驰电掣地逃离现场。出乎所有人意料，他们充满怜惜地看着这个小姑娘怎样面对她失控的情绪。他们一声不响地退出这个本该以大人为主导的舞台，置身事外，变成观众，交由孩子独自完成这一幕情绪大戏的表演，具体要怎样演，演多长时间，全凭她自己来决定和处理。爸爸和爷爷则像看热闹一样，等着看好戏如何落幕。

贾斯汀说：“我们安静地看着这个野性和纯净兼具的可爱灵魂拼命演出这一幕。

“她拥有我们无条件的爱，我们愿意为她付出所有，但是，她得自己面对自己的情绪。

“我可以想象，我在她这个年纪时也曾经像她现在一样，上演无数次的哭闹。”

受益于自己的父亲，小时候的一幕一幕让贾斯汀记忆犹新。“我爸曾经教我很多事，其中有一件让我学会面对这个令人羞愧的场面，那就是，处变不惊！

“从小到大，我总是看到爸爸临危不乱，平和面对人生中的一切。没有父母是完美的，但爸爸教我，教养孩子要有自己的想法，不要管别人怎么想。

“我爸总是让我自己去面对我的情绪抒发。不管是私下或公众场合，他都不曾对我大发雷霆地咆哮：‘不要哭了！你真是让我太丢脸了！’”

正是父亲的言传身教才造就了今天的他，他不无感慨地表述：

“直到最近，我才领悟到，这样的情绪教养态度对我的情绪人格发展产生了多大的影响。

“这个世界很热闹，每个孩子每天面对这么多不同的讯息，他们会手足无措，不知如何适时地调整自己的言行，无法如大人预期般地总是保持懂事和乖巧。他们常常因为不知道如何处理自己的无名之火而生气。

“于是，我回想起我爸爸给我的宽容，并且学着给我那哭闹的女儿同样的宽容，让她知道她可以表达情绪，只是她得学会理解和控制自己的情绪。”

相信这一番发自肺腑的育儿经会让每一位爸爸都有所触动，要理解孩子在成长过程中表现出的不完美，不要简单粗暴地对他们的成长指手画脚，要让他们学会面对自己的情绪，收拾那些因自己的任性行为而造成的不美好局面。

身为一个独辟蹊径的爸爸，贾斯汀选择站在孩子的视角，让两岁的女儿去独自面对自己失控的情绪，并通过自己的判断去处理情绪，然后放下情绪，从这个过程中发现问题，找到自信，同时学会尊重和理解别人的情绪。

根据心理学调查，人要到30岁以后才能学会理解自己的情绪，进而面对它，并学会处理它。成年人尚且要到而立之年才能逐渐理解和处理自己的情绪问题，更何况是孩子呢？由此可见，情绪管理需要从小对孩子进行有效的引导，并让他们去亲身体验、学习、实践和解决，这是一个漫长的过程，绝不可能一蹴而就。这也许就是贾斯汀的宽容行为会引起那么多父母的赞叹与仿效的原因所在。

How to Change Your Wife in 30 Days

改 | 变 | 秘 | 诀

人们常说父爱如山，父亲的确像大山一般矗立在孩子的心中。“高山仰止，景行行止”，父亲对孩子的教育是孩子人生基本信条形成的基础。父性教育缺失的孩子，在整体性格和人格的形成过程中可能会有明显的缺陷，在身心发展方面也可能会不健全，甚至可能因此而走向极端。为了孩子的健康成长，多抽出些时间陪陪孩子，不要因为一时的疏忽而缺席孩子一个又一个的成长瞬间，变成一个挂名和隐身的爸爸，这样只会给自己和孩子造成终身的遗憾。父爱如山，父爱也像一瓶酒，年份越久越醇厚。这瓶酒酿造于孩子成长之时，其酒香却萦绕于孩子的一生。

悉心呵护，
做个知心爱人

第 7 天：先做绅士后做爱人

改变焦点：

目标：喜欢丈夫具有绅士风度的妻子

原因：既是对妻子爱与尊重的一种体现，也能让妻子心安

焦虑：男人对其他女人不知保持安全距离而让妻子整日提心吊胆

歧途：对女人粗暴无礼、不礼貌的注视，以及有意的肢体触碰都会招致反感

真相：绅士风度与身份和地位无关，是教养和人品的体现

绅士，是西方国家特别是英国上层社会男性所推崇的形象，表现为穿着得体，性格内敛，谈吐幽默，尊重女性，彬彬有礼，教养深厚。对于这样的绅士风度，我们不应仅仅局限在对西方男士的评判上，也应取其精华，为我们所用，绅士风度是值得中国男人学习的品质之一。

曾有一位著名女影星大叹当今男士的“退化”，其表现在对女士们不够尊重和关心。在现实生活中，我们经常可以看到一些小伙子和老人、孕妇争夺座位，对女士们出口不逊、

污言秽语，这些都是与现代文明格格不入的粗鄙行为。正如一个有关好男人标准的问卷调查，很多女人的答案基本趋同，她们衡量好男人的标准是对女人温和而亲切，讨厌粗暴而无礼的人。这应该引起每位男士的注意，一定要提倡和养成绅士风度，这样的风度看似是形式上的装点，实则是内心对女人的爱与尊重，每个男人都应建立一种“先做绅士再做爱人”的正确婚姻爱情观。

01 绅士风度是对女人的尊重

所谓的绅士风度这种“舶来品”，让很多土生土长的中国男人感到既陌生又遥远，既做作又不真实，其实它与身份和地位无关，它是教养和人品的体现。它没有人们想象中那样遥不可及，而是蕴含在生活的一点一滴中，它与优质男人如影随形。正如世界顶级礼仪大师威廉·汉森所说：“善于观察的人，只用一顿饭的工夫，就能知道你的教育背景如何，你的心思在哪里。”可见一个人的教育与学识，修养与背景，都渗透在平日里的一举一动之间。

当一个男人忽视了自己的餐桌礼仪，就等同于关闭了展示自己的一扇门。餐桌上，通过坐姿、动作、神态、表情、目光、言谈、举止等，已经用无声的、丰富的语言在告诉人们你是谁、你有着怎样的心态。你对待别人的态度就反映出你对待家人和妻子，或未来妻子的态度，你是尊重他人，还是目无余子，你是对生活充满自信的成功者，还是消极对待人生的失败者。

一顿饭的时间，足以对一个人有一个不会与实际偏差太远的了解。

一个男孩看上了方媛，晚上约她吃饭，她便约了闺蜜夫妻一起赴约，目的就是帮忙把关。男孩带他们来到一家私房菜馆，屋内光线昏沉，踩到地上有一种粘脚的油腻感，厨房和餐厅之间只隔着一道简易的玻璃橱窗。大厨挥汗如雨的炒菜场景一目了然。坐在座位上偶尔闻见刺鼻的辣味，方媛和闺蜜不停地咳嗽。

见此情景，男孩一副无所谓的样子解释道："别看这家店小，环境差了点，但菜炒得特别地道，就像成都的苍蝇馆。"说完，他拿过菜单点了几个菜，既没有征求方媛的建议，也没理会方媛闺蜜两口子脸上露出的一丝不适。

在等菜上桌的间隙，男孩先是夸方媛，说她容貌惊为天人，身材玲珑有致，妆容既美又仙，毫不吝惜赞美之词。紧接着，话锋一转开始夸方媛的闺蜜，怪不得人们都说人以群分，方媛的朋友也是同样光彩照人……他的嘴上像抹了蜜一般，话题一直围绕着两个女人转，全然忽略了闺蜜的老公。

方媛看出有些不妥，借口说有点口渴，男孩却似乎没听见，继续滔滔不绝地讲他们的相识过程，以及对准女友的第一印象。最后，还是闺蜜老公起身，给每个人倒了一杯热水。

男孩点的菜终于在千呼万唤中端了上来。方媛一看，和闺蜜对视一眼，面面相觑：四个菜，一片红，没有一个清淡的，而方媛和闺蜜都不能吃辣。男孩却依然对菜品赞不绝口，并让大家赶紧尝尝。

除了男孩，剩下的三个人都吃得小心翼翼，点到为止。吃完饭，方媛说她有些不舒服，男孩直接送她回家了。路上，闺蜜问她的老公那个男孩怎么样。老公笑了笑，不置可否。

晚上，方媛给闺蜜打电话，尽情吐槽了一番，感觉这顿饭，那个男孩不是请大家吃的，而是请他自己。从吃饭环境，到饭菜口味，再到在她朋友面前的不堪表现，没有半点绅士风度，让她大失所望。虽然闺蜜也有同感，但还是没有说出狠话，而是婉转地对她说："环境简陋，也许是他勤俭持家。他把自己觉得好吃的饭菜推荐给大家，也是出于一片好心。不管怎样，先处处再说。"

过了不到一个月，方媛告诉闺蜜，说她已经决定不再给那个男孩任何机会。闺蜜问其缘由，她只说了一句："他只爱他自己。"便不再提及了。

后来闺蜜跟她老公说起这件事，老公坚决地说："那个人怎么样，吃完一顿饭就很清楚了。"在闺蜜的追问下，老公分析了原因。

第一，初次请自己喜欢的女孩子吃饭，谁会选择那样的苍蝇小馆，何况还有好友跟着一起。吃饭不一定非要选择高档的环境，但至少要安静优雅，方便大家吃饭时沟通。第二，点菜时只顾自己，完全不考虑其他人的喜好，这是对他人的不尊重，也是自私的一种表现。第三，在等菜期间，一直在极力地夸两位女士，特别是你老公还在场的情况，男孩连基本的绅士风度都不懂，缺乏最起码的教养。第四，方媛说她想喝水，他却只顾着聊天，一点疼爱体贴之心都没有。第五，等菜时他一而再、再而三地大声催促服务员，脾气暴躁，不稳重。第一次约会就这样，以后就可想而知了。

一顿饭能吃出这么多感慨和门道。其实，不仅是男人，每个女人心里也都藏着一个吃饭情结，也就是人们经常说的一句俗话——吃饭见人品。一顿饭的时间，一顿饭的接触，一个男人的自身品德修养如何，是否具备绅士风度，以及对女人是否真心相待，都能有一个大致的体现，这是两个人最初接触的试金石。而文中方媛的那位追求者就是在一顿饭的时间内败下阵来，自己身上的缺点在心仪对象和她的朋友面前暴露无遗，这样不拘小节、一切以自我为中心的性格已经在两人的相处中，埋下了随时会引爆的定时炸弹，怎么可能还会有一个美好的未来呢？

除此之外，吃饭时由谁买单，也能体现一个男人的自身修养。曾经有人做过一个异性好感度的调查，结果显示能主动买单的人在异性中的好感度最高。不过还要强调一点，对于女性而言，喜欢能主动买单的异性并不代表着一定要让对方买单。有时候一句“我来买单吧！”更多的是有绅士风度的一种表现。

02 绅士风度让爱人心安

在日常生活中，有很多女人都苦恼于自己需要接触、打交道的异性那些不够绅士的举动，面对他们不礼貌的注视，甚至是有意的肢体触碰，因为有碍于种种层级或利益关系而有苦难言。其实，男人的这种行为，不仅是对女性的不尊重，也是对自己爱人的不负责任。因为你与其他异性这种说不清道不明的暧昧，会让爱人心生不安。

无论恋爱还是婚姻，无论男人还是女人，对待感情都是自私的，总希望对方属于自己一人，而女人天生敏感，所以会更加在意。男人与任何异性的暧昧，都会让她感觉自己的地位受到威胁。女人嫁人，嫁的是心安，嫁的是自己后半生的安稳人生。因此女人嫁的这个男人，一定要富有责任心，让伴侣心安。

说到绅士，不得不提到张杰。张杰与谢娜从恋爱到结婚，一路走来，听了太多的挖苦与讽刺，可他们之间的爱情，却始终如童话一般美好。谢娜睡眠质量不好，张杰就每晚为她讲故事，用自己的声音哄她入睡；张杰出新歌，谢娜尽己所能地联系到一干朋友，拜托他们帮忙录制VCR，为他打气鼓劲。

在张杰面前，谢娜可以安心地卸下所有的防备与武装，做回那个真实、敏感，需要人呵护的小女孩，这样从内而生的轻松让谢娜感到由衷的心安。就像网上有这样一句话，形容他俩的爱情：张杰不善言辞有谢娜懂，谢娜疯疯癫癫有张杰宠。

张杰的爱让谢娜心安，他懂得已婚男人与其他女人应有的距离与分寸。每次与异性合影时，始终与她们保持着适当的距离，双手放在背后，规规矩矩，礼貌微笑，连最普通的勾肩搭背都从未出现过。唯有跟谢娜合影时，才会紧紧地搂住妻子。他用这样的最简单也是最绅士的方式告诉妻子，我的爱，我的拥抱，我的亲密，只属于你一个人。只要谢娜与张杰同框，张杰都不会顾忌镜头，眼中只有谢娜，谢娜在哪里，他的眼神就会追到哪里。爱一个人，眼神无法说谎。

虽然人人都说婚姻是围城，但这城却有着好与坏、幸福与悲哀、希望与绝望之分，具有绅士风度的男人给女人的是一座由“心安”搭建的围城，这份心安里，充满着温暖和开心，幸福和快乐，余生和未来，包容和理解，男人对女人满是疼惜与忠诚，不见伪装和隐瞒，更不会因拈花惹草而让女人伤心流泪。好的围城都是心安综合体，具备了可调和、可共存、可天长地久、迷路总能突围的柔韧性。心动是起点，心安才是终点。男女之间的感情，不过是心动与心安之间的灵魂共舞。

How to Change Your Wife in 30 Days

改 | 变 | 秘 | 诀

男人的绅士风度往往可以体现出文明社会男士的道德风范，也可以看出一个男人的教养。有的男人因为与女友相处不得要领，结果不欢而散；有的男人因为与其他女人不知保持正常的安全距离而让妻子整日提心吊胆。其实，男人的绅士风度不仅表现在与女人交往过程中的态度、言语和行为上，还能从中渗透出对妻子和家庭的责任感，以及作为男人的担当。为了获得妻子的信赖和家庭的幸福，请做一个令人尊敬的具有绅士风度的男人吧！

第 8 天：会哄人的丈夫最迷人

改变焦点：

目标：没事总找碴儿生气的妻子

原因：婚前婚后产生的巨大心理落差

焦虑：丈夫认为哄女人会输掉自己作为大男人的面子

歧途：一旦结婚，男人便会大幅削减花在妻子身上的时间、精力和耐心

真相：女人娶回家是用来哄的，不是用来懂的

村上春树曾写道：“鱼说，你看不到我眼中的泪，因为我在水中。水说，我能感觉到你的泪，因为你在我心中。”

爱情的本质是美好而甜蜜的，但并不是每个人的爱情都能如此。生活中我们经常听到不少人在抱怨自己的爱情不甜蜜，自己的婚姻不幸福。特别是在结婚以后，很多男人感觉自己辛苦追来的女人像变了一个人一样，曾经温柔体贴的小姑娘慢慢变成了骁勇善战的“女汉子”，原来善解人意的女朋友逐渐“退化”成强词夺理的“母夜叉”。

从表面上看来或许的确如此，但男人往往忽略了一个更为重要的问题，就是他们一旦结婚，便会自觉不自觉地大幅削减花在妻子身上的时间、精力和耐心。世间所有的事情都是有因才有果，自己的忽略注定带来对方的冷漠，而那些别人家温柔贤淑的妻子也不是一朝一夕得来的，是男人花费时间和精力“哄”出来的硕果。

01 女人是用来哄的

对于哄老婆这件事情，表面看来只是顺着老婆，说说好话，并没有什么高深的技术含量。其实不然，它能从心灵深处体现出一个丈夫是否关心自己的妻子，也显示出他是否愿意为了妻子而稍稍放低自己的姿态，去做暂时的妥协和适当的让步。一个心甘情愿哄老婆的男人，更可能是一个合格的好丈夫，因为他在自己的爱人身上花费了心思和时间，付出了理解与包容。所以哄老婆，无关面子与尊严，却关乎爱与尊重。夫妻是相依为命的终身伴侣，体察和照顾好自己妻子的情绪，不仅能够让夫妻之间的感情保鲜，还是整个家庭日益幸福和谐的有力保证。

曾经看到过一个小故事，几个朋友在一起聚餐聊天时，其中的一个男人抱怨自己老婆的诸多不是，既乖张任性，又反复无常，同时列举了几件生活中的琐碎小事，猛然听起，觉得男人确实身处水深火热之中，任谁都会感到劳心费神。最后男人长叹一声：“唉，我真是越来越搞不懂女人了！”

坐在旁边的另一个男人听完他的吐槽，气定神闲地笑了笑，说道："女人娶回家是用来哄的，不是用来懂的！"

这句话有如石破天惊，一语惊醒梦中人。让人不禁为这个男人的回答喝彩，他可谓是深谙女人的心理。的确，女人的心思不需要男人费尽心机地去猜、去琢磨，只要哄她、宠她、爱她、疼她，她就会死心塌地陪着你走过岁月流长，不离不弃。

走进婚姻的爱情不似恋爱时那般张扬和浓烈，却能够在不经意间打动人心。每个女人，不分年龄阶段，都渴望在平凡的生活中得到丈夫的宠爱与呵护，男人的点滴爱意都能让妻子闻到幸福的芬芳。其实，女人所求所愿平实而朴素，只要男人能一心一意对她好，无须钻石点缀、名牌傍身，细水长流的宠爱就能让她幸福一辈子。

单位的段姐和她老公虽然是半路夫妻，却是我们眼中"模范夫妻"中的精品。一般人看来，二婚家庭很多都是以找个伴为目的，一起搭伙儿过日子而已。能在两人都历经过一次失败的婚姻后，再走到琴瑟和谐、鸾凤和鸣的婚姻至高境界实属难得。一次午休时间，段姐无意间跟我分享了她的婚姻经历，并说他们夫妻间很少吵架，现在的日子过得简单平静，她很知足。

我回应道："那姐夫一定和您一样都是性格温和的人。"

段姐不好意思地摇了摇头，表示否认："每个人都会有多个面孔，在单位看起来性情平和的人，回到家未必也是这样。我们俩之所以能够相处和谐，跟性格关系不大，最重要的是他比较会哄人。

“有一次，我下班回到家，看到家里有些乱，厨房也是冷锅冷灶，老公却躺在沙发上玩手机。我那天在公司的工作比较辛苦，还和上司因为一套方案发生了争执。所以看到眼前这些不合我心意的场景，一股怒气按捺不住地喷涌而出，直接冲他发了一顿邪火，抱怨他回家只会躺着玩手机，既不知道好好收拾一下家，也不赶紧张罗着做饭……

“其实他也刚进家门不久，想稍微休息一下就开始做饭，还特意买了我最爱吃的春笋和牛尾，只是放到了厨房的角落里，我没有看到。他被我莫名其妙地骂了个狗血淋头，先是愣了一下，但很快就反应了过来，马上应声，起身开始打扫房间。

“一边收拾，一边对我说：‘老婆上班辛苦了，你赶紧先好好休息一下，今天晚饭我给你露一手，有你最爱吃的春笋和牛尾。’

“听他这么一说，我心里的怒气已经消了大半，看着他忙前忙后的样子，我有些惭愧，他也累了一整天，每天回到家都会习惯性地先在沙发上躺一会儿，我却因为自己心里不痛快而伤及无辜。便对他怀有歉意地说：‘不用那么复杂，牛尾改天再吃，简单炒两个素菜就可以了。’

“他闻言笑道：‘那怎么行！现在我最重要的领导心情不佳，必须要吃顿可口的饭菜，才能平复心情！是吧，领导？’

“我被他逗乐了，忍不住笑了出来，家里原本被我搞得有些凝重和紧张的氛围，也在这一刻得到了有效缓解。

“晚饭后我问他，怎么连这样的委屈都能承受，也不跟我分辩几句，他满不在乎地摆了摆手说：‘我知道你当时心情不好，才借着由头发脾气，我要是再火上浇油，那就跟应战一样，多大的事情，顺着你，哄哄你，你的气也就消了。’

“类似这样的事情有很多，他每次都能巧妙地化解，所以我们俩不但吵不起架来，还能很快和好如初。我也越来越注意对自己的情绪管理，不能因为他的迁就和忍让，就肆无忌惮地折磨他。”

看着段姐娓娓道来的那份淡然，不禁让我对她老公的处事智慧心生敬意。

女人是感性动物，正是这样的感性决定了她们对于男人的每一次哄与爱都有着深刻的体悟，她们相信一个愿意花时间哄自己的人，一定是爱自己的人。与此同时，她们会因为男人对自己的真心相待而心怀感恩，进而再怀揣着这样一颗感恩之心去回馈丈夫、家人，以及与之相关的其他人，使这份爱缓缓地散落在周边，形成一股向上的正能量。

不管外表多么坚强的女人，特别是那些被人们冠以“女强人”“女汉子”称号的女人，其实她们的内心深处很可能都是柔软而脆弱的，男人千万不要被表面上那层坚硬的外壳所蒙蔽，她们同样需要男人的关注与呵护。在她们心里，也许并不在乎爱人给她买过多少奢侈的物件，但却会永远记得在自己无助又伤感时，那些体贴的话语和关心的眼神。

02 不会哄老婆的男人最悲哀

有人曾说，女人是否有“女人味”，其根本上取决于男人哄老婆的功夫。男人的哄人段位高超且娴熟，再僵固不化的女人也会逐渐百媚千娇；男人如果没有或不屑掌握这项技能，再具别样风情的女人也会变得古板木讷。在男人怜香惜玉的哄与爱中，即便是一个姿色平平的女人，也会渐渐展露出她柔情似水的靓丽风采，这是女人骨子里天生自带的一种柔美“女儿态”，它是否能够被慢慢激活，就要看男人如何去挖掘和守护了。

当男人埋怨老婆不像个女人时，不妨仔细回忆一下，你有多久没有哄过自己的老婆了？当初那些甜言蜜语和海誓山盟，是否早已随风飘散，消失得无影无踪？

江丹和丈夫刘进在谈恋爱时惊喜浪漫不断，无论是中国年，还是外国节，江丹都会在单位收到一大捧娇艳欲滴的各式鲜花，让办公室的女人们羡慕不已。除此之外，刘进还会用心安排各种示爱节目，法式晚餐、烛光舞会、海边烧烤和焰火表演等，为了赢得芳心可谓绞尽脑汁，最终他在众多的追求者中脱颖而出，抱得美人归。

但婚后的生活迅速脱离了浪漫，回归到现实，江丹在向丈夫抱怨工作压力大的时候，刘进也不再像从前一样耐心地听她倾诉，或脑洞大开地想出各种暖心约会帮她缓解压力，取而代之的是每天回到家无休无止的家务活，以及像老夫老妻一样互不打扰地过日子。婚前婚后巨大的落差让江丹觉得生活无趣又苦闷，她便经常借着自己的不顺心，跟丈夫耍耍小性子，在没有得到男人应有的回应后，江丹便开始蛮不讲理，以求得丈夫的关注，但大多数情况下男人都是视而不见，有时非但不会哄老婆，反而还会跟她据理力争，摆事实讲道理，说明她的无理取闹。这更让江丹心灰意冷，日子越过越绝望，两个人结婚一年后便准备离婚。

在婚姻调解人员面前，江丹像个孩子一样委屈地哭诉：“现在的他和过去的他判若两人，那时候的他会将‘我爱你’挂在嘴边，会给我送花，会相约一起看电影，但婚后这一切都发生了翻天覆地的变化。他一下子变得与浪漫绝缘，我的生活除了上班，就是每天回到家洗衣、做饭、伺候他，俨然成了一个老保姆。不仅如此，每次吵架他从不会让着我，无论是谁的错，无论我哭得多伤心，他都不肯哄我，更不愿主动认错，甚至连一句软话都没有。其实，我所求不多，也并不奢望他能回到从前，只要他能让我感受到他对我的爱与温暖，让我知道我在他心目中所占据的位置就足矣，这样的要求过分吗？”

调解人员找到刘进，他深深地叹了口气，无奈地说道：“我不挑吃、不挑穿、不嫖不赌、不乱花钱，每个月还把薪水全部上交，没有任何不良嗜好，真不知道像我这样好的男人，她为什么总是不满意？没事儿就找碴儿跟我吵架，每次吵架之后，都会连续好几天不理我，对我实施家庭冷暴力。她总抱怨我跟以前不一样了，我觉得她的想法根本不切实际，结了婚哪能还像谈恋爱那样整天你侬我侬。况且，她和以前也完全不同，对我的要求越来越苛刻，隔三岔五对我横加指责，说我不爱她了，她越是这样闹，我就越提不起兴趣跟她和解。我们真的走进了一个无解的死循环。”

调解人员听了两个人各自的倾诉，发现他们之间既没有第三者，也不是因婆媳关系引发了矛盾和争执，而且刚刚结婚一年，矛盾还没有发展到根深蒂固、无法调和的地步。最重要的一点是彼此之间还存有很深的感情，只是不适应婚前婚后的巨大反差，以及彼此间没有找到一个合理舒适的相处模式，特别是丈夫不懂得运用“哄老婆”这一秘诀。于是协调人员便给他们出了一个主意，两个人签了一份约定，每次吵架后，无论谁对谁错，丈夫都要负责哄妻子，并且每天都对妻子说“我爱你”，而妻子对于丈夫的示好必须给予原谅，不能再对丈夫实施冷暴力。一个月后，两个人手牵手去找那位调解员，并赠送一面锦旗表示感谢。

在生活中有很多像刘进一样的男人，在夫妻发生矛盾时，守着最方便快捷的“哄老婆”神器不用，反而和女人一争高下，一心想着不能输掉自己的面子，最后的结果自然只有两败俱伤，长此以往，婚姻也会岌岌可危。

因此，在婚姻生活中，男人一定要学会哄老婆。但“哄”的前提是彼此对于这份感情的归属感和专一度。“哄”不是骗，而是用心去体会你对妻子说的每一句话。一个简单的“哄”字蕴含着丈夫经营夫妻感情的大智慧，这是真情实感的自然流露，绝非小人伎俩，也不是赶鸭子上架的强迫之举。

03 会哄人的丈夫最迷人

每个女人内心深处都藏着一个永远不愿长大的“小公主”，她们生来就是情感细腻的动物，就算是再干练的女强人，也深藏着一颗“玻璃心”。夫妻两个人在一起生活久了，难免会出现小摩擦，当出现矛盾而引发争吵时，男人需要展现出自己宽大的胸怀，对妻子多理解、多包容，因为女人要吵的往往不是事情的对与错，而是男人对她的在乎与否。

在一个家庭中，有个会哄老婆的男人，是家庭和睦亲密的重要元素。

哄老婆可以减少吵架的概率。

哄老婆可以省钱，因为成本比较低。心思细一点，脸皮厚一点，点子多一点，表现好一点，贵重的礼物都可以不用买了，买把菜给她，都能让她比收到花还高兴。

哄老婆可以保障社会安定。家庭稳定是社会稳定的基石，家庭暴力的下降有利于社会和谐。

哄老婆有利于提高智商和情商，令反应更迅速。

把老婆哄高兴了，她可能就答应给你做饭、洗衣服了。

哄老婆有利于亲子关系，给孩子一个好榜样。

哄老婆有助于“曲线救国”，能从老婆手中得到自己渴望已久的东西，如一套昂贵音响。

看了这些，我们有理由相信每一个会哄老婆的男人，其婚姻的幸福指数都会明显高于平均值。这种男人一般都善于发现生活中的美好一面，他们乐于享受生活，才思敏捷，幽默风趣。不仅在家庭生活里，在与其他同事、朋友的相处过程中，同样能将这份快乐延续，使周围的每个人都感受到因他而生的愉悦感。这样的愉悦会形成一种无形的正向磁场，令与他相处的人都能体会到轻松愉快的氛围。

会哄老婆的男人周身散发着成熟男人的迷人魅力，他能够细致入微地捕捉到妻子情绪的变化，并给予她雪中送炭般的温暖，让她能够快速摆脱不快与阴影。很多时候，她们表面上看起来怒气冲天，对着男人狂吼道：“离我远点！”如果你真的依她所言，马上消失在她的眼前，接下来的暴风骤雨会瞬间席卷而来。很多女人就是这样的口是心非，她此时的潜台词其实是“我需要你的关心”，男人只要和颜悦色、低声细语地哄一哄，她们往往会在男人怀里哭得梨花带雨，一场家庭风暴即刻烟消云散，再大的事情也会迎刃而解。

在女人眼中，“哄”与“不哄”是无法撼动的根本原则问题，至于会不会“哄”则属于能力和方法问题，所有事情重要的是心。“哄”需要的是心思，而不是金钱，争吵过后的一句主动示好，妻子难过时的一个温暖拥抱，工作遇到坎坷时的一句暖人抚慰，以及生理期的一碗姜糖水，这些看似无关紧要的细枝末节都能让女人体察到男人对她的爱与关怀。

How to Change Your Wife in 30 Days

改丨变丨秘丨诀

哄老婆是一门高深的学问，需要男人用心去参透其中的要义，并用一颗真心来疼爱自己的女人，这样才会获得皆大欢喜的双赢局面。很多爱意并不是建立在惊天动地的花样表白之上，而是在不经意间通过只言片语抑或是体贴入微的小举动，让这些爱一点一滴如涓涓细流般渗入心底。也许男人自己并没有什么特殊的感觉，甚至对那些曾经做过的事情和说过的话语都已经遗忘，但女人却能将曾经让她感动的贴心话语一字一句镌刻在心底，同时会用自己更真挚和热烈的爱回馈男人。

第9天：开心"认尿"

改变焦点：

目标：与丈夫产生矛盾的妻子

原因：婚后寡淡和琐碎的生活，使爱情渐渐消磨

焦虑：男人对"认尿"会产生一种害怕心理，怕因此而失去妻子的尊重

歧途：为了男人的面子和尊严，不肯向妻子低头"认尿"

真相：适时"认尿"是一种内省和智慧，是破解婚姻中吵架争执的秘诀

总有人说婚姻是爱情的坟墓，从某个角度看，似乎有一定的道理。无论是文学作品，还是童话故事，它们所描述的大多是才子佳人在经历了诸多跌宕起伏、悲欢离合后，一旦走到金榜题名、洞房花烛，抑或是公主和王子从此过上了幸福的生活，便戛然而止，大概著者深感若再写下去也是味同嚼蜡，再无新意了。的确，婚后的爱情就像启封泄气的美酒，由醉人的浓香渐渐变成如水的寡淡。如同蜜里调油般的一对璧人，因为油盐酱醋的浸泡，腌制得五味俱全，恋爱时的纯色香甜已被掩盖得无力觉察。

事实上，一段好的婚姻应该始终让爱情保持一种尚未完成的状态，且双方心里都明白，爱情并没有完成，它还需要继续向上生长。两个人都应该像婚前一样，继续把对方当作独立的个人予以尊重，都用具体的行动和语言来赢得对方的喜悦与赞赏。在遇到矛盾和纷争时，懂得及时“认尿”，给对方台阶，或者对方给台阶时知道顺势而下。适时“认尿”是破解婚姻中吵架争执这块绊脚石的秘诀，也唯有这样，爱情和婚姻才不会因为日常的小磕小碰就产生裂痕，失去原有的稳固性。

01 适时“认尿”是一种内省

让丈夫“认尿”并不是一件易事，当一个女人“认尿”，或说“对不起”时，对她而言，爱是在慢慢增加；而当一个男人“认尿”，或说“对不起”时，他会自然而然产生一种害怕心理，害怕因此而失去妻子对他应有的尊重。尤其是当他为某件事已经低头“认尿”，而妻子因为不信任心理作祟，事后又再一次甚至反复提及。妻子只是简单地认为，这件事情还没有得到彻底解决，所以有必要再拿出来讨论一次；而男人则会敏感地认为，这样的行为已经严重侵犯了他的尊严。

如果只把问题归结于男人的“爱面子”，一切都显得简单明了，都在情理之中；但除此之外，与“面子”交织在一起的还有更深层次的需求，就是男人在家中不希望被轻易撼动“权威”，以及家人对他表现出尊重的渴望。站在女人的角度而言，

悉心呵护，做个知心爱人

我累了一天，又上班又做饭，你能不能别再玩手机了，赶紧把碗洗了啊？
你又上班又做饭，哪个女人不是这样，老婆就应该做家务！
争强好胜是每个人的本能，这样的性格在婚姻里，却是一个很大的漏洞，会让各种不和谐有机可乘。这种不知“认㞞”的行为，只会使婚姻变得举步维艰。

我累了一天，又上班又做饭，你能不能别再玩手机了，赶紧把碗洗了啊？
没问题，你好好歇一会儿，我洗完碗，再给你煮一碗冰糖雪梨，润肺去火的。
丈夫懂得适时适当“认㞞”，用示弱的口吻对妻子说话，更能让女人心生敬意，也会使彼此的感情只增不减。

当她被丈夫的有心或无心之过或深或浅地伤害到，进而感到伤心难过时，如果丈夫能够诚恳地为自己所做的事情“认尿”，女人的心就会马上变得柔软，前一刻还隐隐作痛的伤痕，转眼间就可以消弭于言语之中。

赵又廷在《奇葩大会》中的高情商表现，令他“吸粉”无数。而这位多少人心目中的“男神”，却出乎意料地，自降姿态说自己只是一个普普通通、没什么特别的家伙。不仅谦卑地说自己普通，还分享了自己的处世哲学——“认尿”。他说：“‘认尿’不是认输，也不是放弃，它可以是很积极的一种自我认知。”他的这种“认尿”哲学以一种近乎极致的方式，完美展现在与高圆圆的婚姻关系当中。

2012年，赵又廷和高圆圆因为电影《搜索》相识、相知，并相恋。那个时候，高圆圆刚刚经历了一段失败的恋情，情绪陷入低谷。在公园拍摄一场情感纠葛戏时，她触景生情，镜头中要求假装扇赵又廷一个耳光，她却身临其境般地流着泪，一巴掌狠狠地扇到了赵又廷的脸上。

高圆圆马上意识到自己的失态表现，满怀歉意地看了他一眼，赵又廷豁达地笑了笑说：“没关系，我是男人，你即兴发挥，反而增强了画面的真实感。”

在日后的相处中，面对着四面而起的质疑和唱衰声，说他高攀于她，既没有高圆圆红，又没有她赚的钱多，还是相差5岁的姐弟恋。赵又廷第一次上《奇葩说》，遇到的辩题就是“老婆工资三倍于我，还该在一起吗？”主持人为追求节目效果，吸引观众眼球，将这个刁钻的问题抛向了赵又廷，看他准备如何应对。对于大多数男人而言，这样的问题触及个人隐私，是一个不好回答的问题。

赵又廷却很坦然地答道：“要看这个男人赚的数额多少，如果这个男人赚的也足够多，那就不是问题。”

听到这样淡定且智慧的回答，禁不住要为他手动点赞。现实生活中有太多的男人，一心想证明自己各方面都优于女人，一旦妻子在职位上或经济上超过自己，就会产生莫名的压抑感和心理不平衡，甚至对妻子心生怨恨，百般讽刺和刁难。

正是赵又廷这种进退有度，懂得适时“认尿”和示弱的处事态度，使高圆圆在他面前能回到孩子般的状态，感到既安全又安心。

高圆圆的性格较为内向，即使偶尔发泄情绪，赵又廷也都能耐心地安慰，从不和她正面起冲突。不管遇到什么事，他总是主动认错的一方，等到她情绪稳定下来，再找合适的机会好好地沟通和交流。

就是这样懂得开心“认尿”的赵又廷，把两个人的感情经营得细水流年，浪漫留香。结婚5年，依然恩爱如初，每每拍到两人，都是十指紧扣地牵手，或是旁若无人地拥抱。2019年更是喜上加喜，升级为幸福的三口之家。

会“认尿”的男人，也许没有霸气外露的野心，但却给人沁人心脾的舒适感，仿佛一股淡淡的幽香缓缓地渗入于心间，他们能够睿智地参透幸福人生的真义。正如赵又廷所说：“不需要有丰功伟绩或者很有名，重要的是开心。”他是这样说的，也是这样做的，将开心“认尿”融入内心，并实践于行，让妻女每天环绕在幸福与开心之中。

会“认㞞”的男人，一般都具有内省精神，凡事多从自我角度进行剖析和反省，站在他人立场考虑问题，所以才更容易理解和体贴另一半。他们即使事业有成甚至名满天下，但回到家中，一定会让自己回归到丈夫和父亲的角色上来，用细心和耐心经营家庭，把心底最柔软的部分展现给最亲近的家人。

他们的“㞞”不是懦夫的表现，也不是窝囊的代名词，而是对妻子满满的尊重和怜惜。黄磊曾在《天下女人》中说过这样一句话：“婚姻是个技术活……男人就要在他的思想或事业上做一个大男人，别的事别做大男人。”事实的确如此，真正的大男人不是靠在女人面前逞强而树立起来的形象。而是懂得在一段婚姻关系中，女人是用来呵护和疼爱的，唯有通过女人的幸福，才能透出男人的伟岸。

02 不及时“认㞞”易埋祸端

在男人的字典里“妇者，伏也”，而在女人的字典却是“妻者，齐也”，男女之间的你争我夺可见一斑。曾有一个古老的笑话，男人提出“天地”“乾坤”等字眼，表示天比地高，乾比坤高；女人则提出了“阴阳”“雌雄”等字眼，证明阴在阳之上，雌在雄之先。可见，男人与女人争强好胜、一决高下是不少人骨子里的本能和天性，但这样的性格在婚姻里，却是一个很大的漏洞，会让各种不和谐有机可乘、有缝可钻。这种一倔到底的行为，会让婚姻变得举步维艰，是亲密关系中的大忌。

少燕是一个亭亭玉立、气质优雅的女人，婚前身边一直围绕着众多的追求者。大学毕业后进入一家公司工作，遇到了东明。

见倾心，用尽了浑身解数，将环绕在女人身边的追
凭借一颗真心赢得了芳心，终于喜结连理。单位
羡慕东明的好福气，能够娶到少燕这样"女神"
新婚之初，两个人甜蜜相伴，过着神仙眷侣一般
男人对妻子更是宠爱有加、言听计从，凡事都会

工作上的一路升迁，不满而立之年的他就已经
中层干部，平日里事务缠身，日常应酬也逐
的少燕，对丈夫职场上的迎来送往、觥筹交
勉强作陪，几次下来就再也不愿参与其中
产生了矛盾和争执，丈夫因为事业上的顺
的心日渐浮躁，对待妻子的态度也发生了

扑在工作上，陪伴自己和家人的时间越
如前；东明责怪老婆不善解人意，对自
不给自己留面子，也不为自己的前途
，谁也不肯先行退让，再加上生活上
盾日渐积累，最后闹得不可开交，没
经遇到分歧总是主动示好的丈夫也
不 "和"尊严"日益发挥到极致。
的时间也越来越晚，后来竟然撕
开 子，一星期两个人也见不上一两
面， 那颗高傲的自尊心无法让自己

放下身段主动示好；而东明那颗膨胀又不安的心，早已背弃了曾经对妻子的誓言。没过多久，妻子的耳朵里落下了一些关于丈夫的风言风语，这样的消息犹如一道晴空霹雳，她最初难以置信，虽然两个人已不似从前那般恩爱，但往日的情分在心里尚有余温，她虽然没有明确地低头服软，却也暗示过丈夫，劝他好好过日子。现在突然听说男人已经另有新欢，少燕虽心存怀疑，却并不相信丈夫是这样的人。只是同事们言之凿凿，让她不得不开始留心观察。

一天深夜，少燕听到丈夫大醉而归，当他在浴室洗澡时，妻子悄悄地打开了男人的手机，当屏幕上显示出一条条丈夫与一个女人露骨热辣的情话时，少燕像遭到五雷轰顶一般再难克制自己的情绪，附带着往日的不满与委屈，将心中的怒气彻底地爆发出来。丈夫听到妻子在客厅大吵大闹，赶忙从浴室出来，酒也醒了一半，见丑事已败露，干脆摆出一副死猪不怕开水烫的架势，蔫头耷脑，一言不发，任凭少燕折腾了大半宿。第二天一早，丈夫便收拾了为数不多的几件衣物，搬出了昔日的爱巢。他的地下情人也公开曝光为正式情人，每天出双入对，甚至还带着她参加各种聚会和应酬，全然忘记了礼义廉耻和职场大忌。

大半年时间一晃而过，绝望的少燕在离婚协议书上签上了自己的名字。也许是心怀愧疚，东明选择了净身出户，房子和存款都留给了妻子。由于生活作风问题，不久他就被免去了职务，往日的风光一去不复返。当情人知道他已一无所有时，头也不回地离他而去，真真落得一个鸡飞蛋打的悲惨结局。

残酷的现实摆在眼前，让东明彻底清醒了过来，后悔当初不该因为一点琐事就跟妻子斤斤计较，明知她孤傲清冷的个性，却因为自己一时春风得意而不再迁就礼让于她，其间更有一些蓄意报复的成分在里面。为了那不值钱的面子和所谓的尊严，硬是不肯低头，对于妻子偶尔给出的台阶也视而不见，一错再错，居然搞起了婚外情，既拆散了家庭，也毁掉了事业，沦落到如今这般田地，但一切已如覆水难收，悔之晚矣。

当初一句"对不起"，一个简单的"认㞞"就能解决的问题，却要任由矛盾和分歧野蛮生长，甚至还要火上浇油，最后演变成人财两空、无法挽回的结局，细细回味，的确让人唏嘘不已。冰冻三尺的局面绝非一日之寒，长久的不低头、不"认㞞"，会让原本相爱的两个人渐行渐远，直到分道扬镳。如果最初男人能在产生矛盾时还如以往一样，先向妻子"认㞞"，给女人一个台阶，或者当女人给他台阶下时，他能明智地迈下那一步，也断然不会沦落到身败名裂的境地。

真正幸福的婚姻，都有一个愿意"认㞞"的男人，他们大都具有生活智慧，无论在外面如何呼风唤雨，回到家中就会把自己的姿态自动放低，不会眼睁睁地看着小错铸成大错。他们懂得在无关原则的小事上及时"认㞞"，用小小的亲善之举达到冰释前嫌的目的，维护家庭的和谐与平稳。

若要家庭和谐幸福，男人需要适时"认㞞"，却不能过于"㞞"，失了底线，那样只会让原本温馨的家变成"母老虎"的"豢养之地"。最好的持家有道是取之中庸，保持夫妻间的均势与平衡。正如王力在《夫妇之间》所提及的观点：不要让东风压倒西风，也不要让西风压倒东风。否则我退一尺，他进十寸，高的越高，高到三十三重天堂，为玉皇大帝盖瓦，低的越低，低到十八层地狱，替阎罗老子挖煤，夫妇之间就永远没有和平了。

How to Change Your Wife in 30 Days

改 | 变 | 秘 | 诀

丈夫懂得适时适当“认㞞”，用示弱的口吻说话，更能让女人心生敬意，也会使彼此的感情只增不减。学会开心“认㞞”是处理好夫妻关系的关键，是婚姻能否持续保鲜的一个重要影响因素。我们要深刻懂得一个道理：男人“认㞞”并不是无原则地放低姿态，对女人言听计从，而是利用适当“认㞞”的语气与行动，来使对方体面地退让，让自己化被动为主动，既可以缓和彼此关系，还可以顺势达成目标。因此，凡事不可强行为之，徐徐图之才是上策。

第 10 天：成为烟火气十足的丈夫

改变焦点：

目标：整日忙于家人生活的妻子

原因：女人在工作一天后，还要投入“家”这个战场中

焦虑：妻子付出得不到丈夫回应，最终会感到心力交瘁

歧途：丈夫下班回到家中，理应享受舒适惬意的生活

真相：只有一起体味过人间烟火才是真正的夫妻

自古以来，在中国传统价值观和实际的社会分工中，人们都习惯秉承“男主外，女主内”这一传统理念：女人理所应当成为“好主妇”，做好男人的“贤内助”；男人则承担着在外奔波、养家糊口的重担，回到家中理应舒适惬意地享受生活。

正是受此类观念的影响，对于很多男人来说，家是像度假村一般的存在；而对于女人来说，家是除了工作以外，生活的主要活动中心。男人愿意在工作中付出一切，然后回到家中接受女人的付出。女人同样在职场忙碌一整天后，还要投入一个任务更为艰巨的战场——家。女人对于家的付出可谓无私、无畏，但她们在很大程度上却希望在给予的同时能够有所收获。她们愿意付出，可同时也需要补充养分和燃料，如果只是一味付出而得不到回应，即使愿意继续付出，最终也会感到心力交瘁和孤寂不平。

事实上，家是夫妻二人的港湾，是需要双方共同打理、共同铸造的心灵驿站。男人作为家庭的顶梁柱，要体谅和理解自己的妻子，她们同样拥有自己的事业，同样朝九晚五地奔波在上下班的车流中。丈夫如果能在妻子感到疲惫的时候搭一把手、做一顿爱心晚餐，或者主动承担起部分家务，当女人看到丈夫为这个家忙碌的身影时，她们在感动之余，心情也会随之轻松愉快，夫妻间的感情必然会与日俱增。

01 做一个为妻子下厨房的男人

有一句妙言："一个人如果走投无路、心窄想寻短见，就放他去菜市场。因为不论怎么心如死灰的人，一进菜市场，再次真实地嗅到人间烟火的气息，也必定会重新萌发出对生活的一丝眷念。"的确，真正活明白的人都具有一个特质，那就是充满了烟火气，烟火气才是幸福生活的真谛，没有了烟火气，生活就是一场孤独的旅行。

而厨房就是最能体现一个家庭烟火气的地方，它是婚姻里的诗和远方。厨房里香气四溢，餐桌上热饭美汤，一家人一边吃饭一边闲聊家常，一派其乐融融、欢声笑语的温馨景象。相反，一个冷锅冷灶的厨房，身体得不到温暖食物的滋补，心灵少了陪伴，生活自然也没了滋味。

火得一塌糊涂的热播电视剧《都挺好》，引发了一场广大网友对苏家极致奇葩父子三人的口诛笔伐，他们近乎完美地塑造出三种逼死人不偿命的男人："作"到极致的懦弱男，死要面子的愚孝男和胡搅蛮缠的巨婴男，他们各个身怀绝技，能把妻子逼到歇斯底里，把生活搞得乌烟瘴气，却依然觉得全世界都有负于他们。

相比之下，出场不多但温润如玉的小餐厅老板石天冬却实力"圈粉"，成为这部让人有些愤愤不平的家庭伦理剧中的一抹温暖阳光。石天冬让女人们懂得，好的爱情与婚姻的正确"打开方式"是烟火气！那"气"里不仅弥散着食物的香味，还充斥着爱情的味道。

《都挺好》的原著小说里，柳青和石天冬都喜欢苏明玉，柳青帅气多金、风趣幽默，是众多女孩子心目中的优质男。最初，明玉的心更偏向于柳青，多年的并肩作战让他们彼此之间知根知底、相互信任，且两个人势均力敌，不存在女强男弱的落差。而对于石天冬，明玉一开始并没有放在心上，只是当成朋友一般相处，她甚至会觉得两个人不属于一个世界。

明玉真正开始接受石天冬是在这个男人支持她的时候。石天冬有两次激起了明玉内心的情感，第一次是在苏母去世之后，第二次是在明玉被打之后为她讨回公道，这两次都是在明玉最脆弱的时候，他站在背后甘心成为她的靠山。电视剧并没有通过旁白来讲解他们什么时候产生的感情，但仅从画面我们就可以看出明玉的孤独以及石天冬对她的无私帮助和欣赏着迷。

特别是明玉被苏明成暴打，成为明玉和石天冬关系的转折点。石天冬得知这一消息后，第一时间从香港飞回到明玉身边，当看到明玉脸上青一块紫一块时心疼不已，顿时化身为贴身管家，寸步不离地照顾明玉。在明玉的海边别墅里，他又成为她的专属大厨，用各色美食为她虚弱的身体补充营养，让明玉那颗受伤的心灵得到了极大的安抚和慰藉。之后，石天冬每次来看苏明玉，都离不开为她做饭这件小事，有时是西式甜点，有时是中式炒菜，有时是广式煲汤，每一样都合明玉的胃口。

这部电视剧，只要石天冬一出现马上就会转变“画风”，成为一档美食节目。之所以把石天冬做饭的过程使用特写镜头详细地展现出来，也是别有一番深意在其中。

食荤者餐厅能够让明玉体会到在苏家完全感受不到的温暖，无论是那里的人，还是那里的环境，都可以让她彻底放松，所以她才会将食荤者当作自己除了家和单位之外的另一个长期落脚点。

明玉的房子很大，物品摆放也很齐整，但唯独缺少了烟火气和人情味，她之所以经常到食荤者餐厅，有时并不是为了吃饭，只是坐在沙发上靠着睡一觉便会离开。她自己坦言，每次回到家中就会失眠，而到了食荤者躺在沙发上就会秒睡，她很享受这种比家更亲的感觉。

石天冬是剧中的一束阳光，他为明玉提供了唯一可以让她得到放松和安慰的地方，苏家和食荤者形成了明显的对比和反差。食荤者所传递出的是一个家的根基——烟火气，所以明玉为了弥补和治愈原生家庭给她心灵上带来的创伤，才会爱上这个地方，有烟火气的地方才是家。电视剧从另一个侧面隐晦地反映出明玉对家的渴望，而食荤者正是她心目中家的模样，不仅包括空间，更重要的是这个空间中的人。

像石天冬这样的男人，如果放到现实生活中，一定会成为姑娘们使出浑身解数都想要嫁的抢手男人，且不说温和的性格、俊朗的外表、殷实的家境，只看他在厨房里按部就班、游刃有余地料理各种食材的身影，就会让人感受到他那爆表的荷尔蒙和独具味道的男人魅力。在婚姻里，嫁给像石天冬这样愿意为女人下厨房的男人，即使没有宽敞明亮的别墅豪宅，没有堆金积玉的富贵荣华，生活也会充满诗情画意。

愿意为妻子和家人下厨的男人，也会心甘情愿为家人付出。一桌饭菜看似简单，实则包含着复杂又烦琐的过程，从精挑细选购买食材，到细心择菜认真清洗，再到切菜时手起刀落的利落刀工，最后下锅翻炒时的火候掌控，甚至是出锅后的摆盘造型，都凝聚着一番心思在其中。也许这顿饭的色香味比不上外面的山珍海味，但在一汤一食里却融入了无法比拟的情感，吃着它会让人体会到丈夫的柔情蜜意，这样的家常便饭美味如珍馐。

正如汪涵回忆起他与老婆杨乐乐一起下厨时所说的那句话："翻炒就是情感的升温，糖醋就是情感中的蜜意，做一碗面条何尝不是柔情。"能够真正做到这些的男人，不仅对生活充满热情和希望，还对家人满怀呵护之情与爱意，更会兼具人生的豁达与乐观。

02 感情在与妻子逛超市中升温

三毛曾说："爱情如果不能落实到穿衣、吃饭、睡觉、数钱，这些实实在在的生活中去，是不会长久的。"婚前，为了追求到心仪的女孩，男人会挖空心思制造各种浪漫惊喜，来俘获美人心，甚至一掷千金，只为博得美人一笑。但走进婚姻后，需要的是细水长流的爱情，是夫妻双方心甘情愿共同经历婚姻里各种细碎磨人、大小事宜的残酷洗礼和不断冲刷。其实，真正的爱情就藏在为老婆所做的点滴小事里，比如洗衣、做饭、带孩子、逛超市等。

我们见惯了名义上陪老婆逛街，实则只起到"拎包工"作用的老公，他们只要看到能坐的地方，立刻一屁股坐下来，掏出手机刷消息，与老婆就像游离在两个世界的人，完全格格不入，融入不了氛围，这样的一幕司空见惯。但在生活中还能看到另一幕，愿意和自己的妻子推着推车漫步在超市的各个货架间一起精挑细选，享受平凡生活烟火气的丈夫，他们把自己真正看成家中的男主人，清楚要买什么，该买什么。这样一起手牵手逛超市的夫妻，展现出婚姻最美好的样子，浸润于生活，归之于平凡。

浪漫的爱情不仅在风花雪月，更在平凡的柴米油盐。一个男人是否陪老婆逛超市，虽然不能以此作为判定一段婚姻好坏的唯一标准，但却可以据此看出男人是否愿意主动参与到家庭生活中来。家庭的琐事需要夫妻双方共同承担。真心希望走进婚姻的夫妻都能体会到为了找到对方喜欢的某种食物，奔波于超市各个货架间终有所得的喜悦，也能感受到两人一起为了决定吃什么而在食品区拌嘴的独有情趣。

人间的烟火气，不仅是生活的温暖味道，也是生命焕发出的光彩，它能驱散被生活所迫的疲惫，重新将信心点燃。人只要活着，就要清晰而深刻地感受着生活的真切，对生活、对人，都要有爱的力量。人世间的美好不过是一屋两人三餐四季，只有一起体味过人间烟火才是真正的夫妻，才是密不可分的一家人。

How to Change Your Wife in 30 Days

改丨变丨秘丨诀

一个男人的事业再成功，也离不开家人的陪伴与关爱。抽出时间和妻子一起逛逛超市、共同配合下厨做一顿美味的家常便饭，之后再和家人窝在沙发里，一边看电视，一边谈天说地，这样的点滴幸福最让人感到轻松愉悦。渐渐老去的父母、正在成长的孩子无一不在提醒着你时光如梭，当下的幸福要紧紧抓住，不要只看重事业而忽略了家人。吃饭时互相聊一聊今天的所见所闻，菜的咸淡、米的价格，以及单位的事情，甚至邻居家走失的小狗……这些琐碎小事，这种陪伴和倾听，体现出的正是家人间的呵护与关心，也是最让人沉醉其中的烟火气。

第11天：接受添丁进口的历练

改变焦点：

目标：孕期焦虑的妻子

原因：怀孕期间女人各种生理状态都会出现前所未有的变化

焦虑：妻子因为自身激素及其他影响，而引发抑郁症

歧途：有些男人认为生孩子只是女人的事情，和自己没有太大关系

真相：孕期是夫妻两个人的孕期

在得知妻子怀孕后，准爸爸们除了兴奋之外，多少还会有些不知所措。而有些男人受封建思想的影响，会认为生孩子只是女人的事情，和自己仿佛并没有太大的关系，这样的想法大错特错。

准妈妈孕育新生命是一段神圣且神奇的旅程，应该得到所有人的尊重和帮助，何况作为丈夫，准爸爸除了埋头赚奶粉钱以外，还要懂得如何与妻子共同享受这一美好的孕期经历。同时也要担负起家庭的细节工作和“管理”“监督”准妈妈饮食、体重、情绪、健康等事无巨细的烦琐工作，为新生命的到

来做好各方面的充分准备。这是男人从老公迈向奶爸的一个全新的蜕变过程。

01 十月怀胎的"皇后"

怀孕的女人承受着身体和精神上的双重压力。从身体方面来看，会有早期的妊娠反应，孕吐难受、身体浮肿、腰疼胯疼、食欲不振等明显症状，这些不适将困扰她们两三个月之久。另外，从精神方面来看，准妈妈无时无刻不担心宝宝的健康，每次产检都像是去提心吊胆听宣判，稍有风吹草动和不良迹象，便会让女人走向崩溃。再加上，如果没有得到丈夫和家人的关心和重视，加之体内激素水平的明显波动，直接影响大脑中调节情绪的神经传递素的变化，女人就极易产生强烈的负面情绪。长期的抑郁不振、心事重重和负能量聚集，会让整个人变得喜怒无常，甚至还会让人觉得有些不可理喻。这就要求男人不仅要对妻子百般呵护与关爱，也要比平时更为大度豁达地包容妻子的种种"作"，让她真正做一次"皇后娘娘"。

在怀孕期间，即使沉浸在新生命的孕育中，但在诸多痛苦的折磨下，女人也会变得易怒烦躁、疑神疑鬼，有时甚至会让老公产生"做什么都是错"的感觉。尽管男人感到很委屈，很不公平，但此时此刻绝不是和准妈妈摆事实、讲道理的好时机，否则只会点燃火药桶。男人要学会换位思考，想想下列十件事自己是否能做到，进而就会心平气和地接受妻子莫名其妙的怒形于色和无理取闹了。

第一，连续3个月每吃完一餐就必须催吐(孕吐)；第二，肚子塞一个篮球长达近10个月(怀孕)；第三，10个月不能喝冰水、咖啡和茶等；第四，5个月睡觉不能翻身；第五，10个月不能出游远行，不能跑跳；第六，10个月不能生病，一旦得病只能生扛，不能吃药；第七，接受皮鞭连续抽打达48小时(生小孩)；第八，生完孩子夜以继日地把屎把尿1个月；第九，乳头被婴儿吸到破皮达1个月之久(喂奶)；第十，晚上睡觉每两个小时起床一次，清醒30分钟，达1个月。

这是女人生孩子必须要经历的摧残和折磨，和这些痛苦不堪的磨难相比，男人已经是万分幸运了。因此，在面对妻子不定期的无事生非时，要保持自己的心态平和，将其看成一种正常现象，予以谅解和包容。

另外，大多数男人在细细品味和慢慢期待新生命降临所带来的幸福滋味的同时，还有一种说不出的酸楚油然而生：妻子爱孩子胜过爱丈夫已露出端倪，为了孩子的健康拒绝和男人亲热，十月怀胎，妻子难受，丈夫难熬。调查发现，在整个婚姻生活中，孕期是最考验夫妻关系，也是男人最易犯错误的高危时期。不少男人会在妻子怀孕期间因一时冲动而出轨，进而给幸福家庭蒙上一层挥之不去的阴影，有些甚至会直接毁掉原本美好的婚姻。

因此，男人在这一阶段，一定要克制自己的欲望，并和妻子适时进行交流与沟通。虽然孕期的一段时间内不能享受性爱，但通过爱的表达，依然可以让双方获得满足，比如拥抱、亲吻、抚摸等，这样既不会因怀孕而拉远彼此间的距离，也会让两个人的感情日益稳固。

02 有了孩子更要爱妻子

对于每个家庭来说，宝宝的诞生都是一件从天而降的大喜事。宝宝从出生的那一刻起就成为全家人关注的焦点，而劳苦功高的准妈妈在晋升为妈妈后，反而会被新生的宝宝抢走以往的“风头”，上至长辈，下至老公，关注点都会从孕妈身上瞬间转移到宝宝身上。这种对孩子的爱是人之常情，无可非议，但如果家人，特别是丈夫的转变过大，将几乎所有的注意力全部放在孩子身上，妻子难免会由此而产生被冷落的心理。

这种心理一旦得不到有效的控制和缓解，再加上女人产后会因为自身激素问题，长时间得不到良好的休息，以及老公、婆婆等人的态度问题，很容易引发抑郁。抑郁是相当严重的一种心理疾病，只是我们对此缺乏了解，更有甚者会认为得抑郁症的人，多半不是闲的，就是“作”的。其实，产后抑郁早已不是个别现象。环顾当今社会，妻子对丈夫认同度的急剧下降，很多是从产后开始的。

因此，男人应该时刻记住，女人这一生无论多么辛苦操劳都毫无怨言，不会在意，她所在意的，往往是丈夫对自己的认可和关爱。同时，女人的感情是极为细腻而敏感的，特别是孕期这段时间，更会心细如发，男人丝毫的疏忽和怠慢都会让女人立即有所觉察，并准确地捕捉到，进而开始令人费解的自我折磨和波及无辜。

懂得这一点后，男人就要格外注意自己的言行，并留意妻子的情绪变化，不让她产生被人冷落的感觉。在她拼尽全力舍命生下宝宝之后，更要对她从精神上到生活上呵护备至，让她从每个人的言语和行动上切身感觉到对她和对宝宝的爱与关心是齐头并进的，使其心情舒畅地度过她这一生中最为特殊的时期。唯有这样，才是维持夫妻和谐、家庭幸福的明智之举。

How to Change Your Wife in 30 Days

改|变|秘|诀

孩子是两个人爱情的结晶，那么，孕期不应该只是准妈妈一个人的孕期，而应该是夫妻两个人的孕期。准爸爸陪着妻子一起到医院产检，一起牵手散步，一起进行胎教，一起给孩子讲故事，一起想象孩子的模样，一起给孩子取名字，一起上街购买孕婴用品……等到妻子坐月子时，可以跟着新晋升的“皇太后”一起享受她吃不完的月子餐，一起变胖。新爸爸在接受添丁进口一系列的历练后，不仅进一步升华了夫妻间的感情，同时也为全新三口之家的生活增添了诸多乐趣。

第12天：成为婆媳间的黏合剂

改变焦点：

目标：身陷婆媳矛盾中的妻子

原因：婆媳关系不和困扰着一代又一代的女性

焦虑：婆媳矛盾日益积累必将成为今后生活的拦路虎

歧途：丈夫平衡不好婆媳关系，将婚姻一步步推向崩溃的边缘

真相：男人充当好黏合剂，才能将一家人紧密地黏合在一起

这个世界最难解决的问题是什么？这个问题如果要抛给女人来回答，大多数会扔出婆媳关系这一亘古不变的难题。事实也的确如此，无论是婆婆看媳妇，还是媳妇看婆婆，总有些“相看两厌”的感觉。不管是豪门望族还是寻常百姓，都会难以避免地传出“婆媳不和”的声音，婆媳关系这如同谜一般的存在，困扰着一代又一代的女性。

毕竟如果没有丈夫，媳妇便没有机会认识婆婆，而没有儿子，婆婆也不会与媳妇有任何交集。但由于中间的这个男人，把两个互不相识的女人联结在一起，形成一种彼此生命中的全新关系，即婆媳关系，没有任何血缘关系的两个女人因为同一个男人成为无法远离的亲人。

01 婆婆与媳妇微妙关系的由来

站在婆婆的立场看，她们的世界以儿子为中心，儿子是心头肉，所有的道德、价值、是非和善恶都系于儿子身上。这样的思想根深蒂固，导致她们很难站在媳妇的立场上客观地看待问题，只相信自己的想法就是最真实客观的判断，不管学识多么渊博，教养多么深厚，性情多么温和的婆婆都难以成为例外。作为女人和母亲，每个人的性格不尽相同，各有千秋，而作为婆婆，她们的想法却难免不谋而合。

对于这一矛盾关系中的另一方——媳妇而言，最不能适应的可能就是生命中多出了另一个“妈妈”，而这个“妈妈”还与对自己掏心掏肺、娇生惯养的亲妈完全不同，她是老公的亲妈，是自己的婆婆。婚前，媳妇是妈妈的女儿，如公主般受尽宠爱，嫁入婆家后，一边享受着新婚带来的甜蜜与幸福，一边掉进一张无法躲避的巨大关系网中。最理想的状态是能够八面玲珑，巧妙应对，并为自己的新身份承担起应有的责任与义务，但是能够完美做到这一点的媳妇却不多。

虽然媳妇同样称婆婆为“妈妈”，但在亲妈那里所享有的专宠和娇惯待遇，在婆婆这里却极少能够见其踪影。婆媳之间虽然表面上形同母女，骨子里却无法与表面一致，婆婆对待这个“女儿”也只能和颜悦色，不能轻意指责管教，否则一不留神轻则心里存下芥蒂，重则引发婆媳战争，曾经劳心费力小心维护的感情就像瓷器一般，因为没有轻拿轻放而碎成一地残渣，再想恢复如初又谈何容易？婆媳战争绝不会像真正的母女一样互不记仇，前一分钟还吵得热火朝天，后一分钟就能挎着胳膊一起去逛街。

正是这样的微妙关系，让因为同一个男人而结识的两个不同的女人都会深感不适，互生烦恼。婆婆、媳妇和男人是一个比三角恋更为复杂的三角关系。在三角恋中，总会有一个人因为失爱而慢慢出局，之后的日子好歹会逐渐归于平静。但在这个三角关系中，两个女人拥有着男人同样的真心和爱，哪个女人都不会也不能退出，唯一能做的就是让这个三角形在左歪右斜中保持稳定性，三个人尽最大努力让彼此之间和睦相处。所以，男人在其中所扮演的角色至关重要，要想做到在婆媳之间左右逢源、两全其美，既要懂得把握火候，又要善于平衡关系，难度之大不言自明。

02 做好婆媳间的黏合剂

在现实生活中，有很多看起来与人为善、通情达理的老太太或小媳妇，她们对待外人随和而谦卑，相处融洽而和谐，可就是在面对缘分不浅的儿媳或婆婆时，她们却把性格中最吹毛求疵和辣手无情的一面展现得淋漓尽致，常常让旁人和那个夹在中间的“无辜”男人看得目瞪口呆。当事态发展到日趋严重的阶段时，两个互不示弱的女人甚至会视彼此为眼中钉、肉中刺，心里甚至还会闪过“你死我活”的腹黑想法。

其实，生活中本就没有什么大事，所有过不去的坎儿都是由心而起，一旦心中常有所想，便会无中生有，小芝麻都会变成大西瓜。婆婆觉得憋屈，媳妇觉得拧巴，藏在心里，总觉得心有不甘，情郁于中，对身体也是有百害而无一利；挑明说出，又难免会撕破脸面，伤肝动火。婆媳之间一旦有了一次嫌隙，就像被钉子钉过的墙面，即使钉子被拔掉了，那扎心的孔痕却永远清晰可见，就算用腻子抹平，面上似乎与他处无异，内里却依然留有伤痕。婆媳关系就是在说与不说之间变得有些微妙而紧张，尴尬而不安。

面对经常会出现的这种暗流汹涌和剑拔弩张的惊心时刻，急需身为黏合剂的男人火速登场，这是考验男人婚商的关键节点。

女人刚刚遭受了顺产未遂转为剖腹的两茬罪，元气大伤。这时婆婆拎着补身子的鸡汤赶到医院，刚好女人的妈妈正在给女儿小心地擦洗清理。婆婆一脸痴迷地看着刚出生的小孙子，不经意间对媳妇方向的一个扭头，并配合上一个不合时宜的眨眼，深深刺痛了那个躺在病床上，刚刚独闯鬼门关的女人。

一阵阵酸痛涌上心头：妈妈在帮我擦洗，婆婆却视我为空气，眼神中还夹杂着不屑，一心只顾着看他们家的宝贝孙子，真是让人心如刀绞，我亲爱的婆婆老佛爷，为什么在您的眼里只有刚出生的小孙儿，完全对我这个十月怀胎，忍受剧痛，又惨遭一刀，如躺针毡的媳妇，如此的冷酷无情又视而不见呢？一连串的疑问和指责在女人心里翻江倒海一般翻腾着，她眼泪汪汪地看着为自己忙前忙后的亲妈。

婆婆走后，女人忍不住对丈夫吐槽自己目睹的一切，男人的回答让人禁不住拍手叫绝："我妈妈是怕你害羞，所以才有意把头扭向一边，假装没看到你在擦洗的样子！"一句话，马上化解了女人心中所有的不快，还产生了些许误解婆婆的歉意。都怪自己小心眼，曲解了婆婆的善意之举。

男人的婚商着实让人赞叹，轻描淡写一句话就化解了一场已冒出苗头的潜在危机，安抚了妻子生产后那颗脆弱无助的心。

其实，很多婆媳矛盾追根溯源，都是一点一滴的小误解没有得到及时消除，慢慢累积而成，世间再好的婆媳也不会像母女间那样，可以毫无顾忌地袒露心声。媳妇不会像问妈妈一样直接问婆婆："妈，你怎么光顾着看孩子，对我不管不顾啊？"妈妈更不会因为怕媳妇害羞而扭头回避。在这个矛盾的小火苗即将燃起的关键时刻，那个夹在妈妈和媳妇之间的"黏合剂"则会起到化腐朽为神奇的作用。他准确而敏锐地捕捉到妈妈和媳妇之间的理解误区，有如救火队员一般，成功将小火苗扑灭，并通过只言片语在无形中拉近了婆媳之间的距离。

身处婚姻中的男人，一边是自己最亲的亲人——生养自己的母亲，一边是自己最爱的爱人——同床共枕的妻子。为了家庭和睦，夹在两个最爱人的中间，只有两边哄、两边劝，千万不能像"妈宝男"一样，变成不经大脑的传话筒，否则只能燃起婆媳间的战火，除了让自己夹在其间深受其害，别无它益。

归根结底，很多婆媳问题的产生大多缘于婆婆心疼儿子，这个关键人物只有充当黏合剂，将因他才走到一起的两个互不相识的人紧密地黏合在一起，家庭才有可能和平共处！

How to Change Your Wife in 30 Days

改 | 变 | 秘 | 诀

有一个处理婆媳关系的原则值得借鉴：嘴上偏向老妈，行动靠向老婆，一明一暗，相得益彰。因为母亲对儿子付出的是世间最忘我无私、博大纯净的爱，这份爱从不需要等价交换，所以儿子对母亲的爱，只需一句“老妈最好”“老妈最亲”，老母亲就会感到心满意足，幸福无比。而老公对于老婆的爱，则要时时刻刻铭记于心，实践于行，只要让老婆真真切切感受到丈夫对她的一片爱与真心，她便能容下老公的万千不是与瑕疵，也会心甘情愿向婆婆做出妥协，尽自己最大努力维系家庭的和睦与安乐。

铁血柔情，
成就贤妻良母

第13天：用智慧应对女人的好胜心

改变焦点：

目标：爱面子的妻子

原因：好胜心是人与生俱来的天性

焦虑：面对妻子为了面子攀比的奢侈消费，丈夫深感无力承受

歧途：丈夫为了哄妻子开心而打肿脸充胖子

真相：过度爱面子就像无底洞，给自己和家人带来烦恼

喜欢漂亮，是女人的天性，适可而止的好胜心对于女人来说无伤大雅。正如俄国大文豪托尔斯泰曾说过："没有虚荣心的人生几乎是不可能的。"

对于女性的好胜心理，曾有过这样一个笑话：一个女生前一天晚上得到男朋友的订婚戒指，但竟然没有一个同学注意到，这令她愤愤不平。到下午大家坐在一起谈天说地的时候，她突然站起来大声说："哎呀，这里太热了，我看我还是把戒指摘下来吧。"笑话虽然有些夸张，但现实生活中这样的女性确实不少见。

从心理学角度看,好胜心应该属于人的情感特征。和人的其他情绪的发生一样,好胜心的出现也取决于人的某种需要。人的需要有多种层次,它包含着广泛的内容,在许多方面都因人而异。而自尊心却是每个人都具有的,只是程度有所不同而已。所谓自尊心就是要求得到他人尊重的心理。自尊心同好胜心有联系也有区别,其联系在于,好胜心强的人一般自尊心也较强;其区别在于,过度好胜是一种过分膨胀的、扭曲了的自尊心。

适当的好胜能让女人更加精致美丽、风趣可爱,别有一番韵味。但过于好胜的女人,往往会适得其反,沦为别人的笑柄。因此,对于女人好胜这件事,男人不必草木皆兵,更不必如临大敌。凡事只要不过分、有底线、懂知足,那么,在自己能力承受范围之内满足她的小小好胜心,既可以让女人心情愉悦、容光焕发,还能让她将男人对她的好记在心间,进而更加珍惜两人之间的感情,又何乐而不为呢?

01 女人的好胜与生俱来

有过恋爱经历和走进婚姻的男人都知道,爱美是女人生而有之的天性,在自己经济条件允许的范围内,给她买新款时尚的大牌服装,还有那些让女人毫无抵抗力的名牌首饰和各式新包,丰盈的物质既可以满足女人的好胜心,还能给她带来持久的好心情。

女人这样的好胜心并不是长大后才逐渐形成的,而是在儿时便有了征兆和苗头，当小女孩看到男孩子和其他女孩一起玩的时候，就会通过她自己的方式来引起男孩子的注意。长大后，也会顺其自然地和其他女生展开比较，比成绩、比工作、比容貌、比身材、比衣服、比首饰、比男朋友……

不可否认，女人的好胜心生而有之，如果哪个女人没有一丁点的好胜心，那么，她身边的男人也会深感不适，不知该如何去讨好女友，也不知女友对哪方面毫无“免疫力”，这会让男人心里没底。好胜是一种自然规律，就像大自然中的生物链一样，是生命中和谐共处的一种方式。

女人视美貌如生命。对于女人来说，送她一束玫瑰花，不如说她人美气质好；请她吃顿大餐，不如夸她性感迷人。正如追求刺激对于男人是永恒的诱惑一样，男人的甜言蜜语对女人也是永恒的诱惑。她们明知这些诱惑很可能是一个美丽的圈套，也心甘情愿、义无反顾地往里钻。

女人不仅自己要貌美如花，还一定要打扮她的先生，她们深知一个男人如果邋遢不堪，外人很少认为是男人的错，更可能会嘲笑他的女人。所以，再穷的女人，也要把先生打扮得干净得体才能出门，反之亦然，一个男人总是衣着不整、神态黯然，他的女人可想而知。女人甚至还会给她的宠物狗也穿上自制的时装，只为出去遛时能够收获众人啧啧称奇的赞扬。

面对爱面子的女人，男人要明白，这样的心理绝不是个案，几乎所有的女人都不甘心隐藏自己的幸福，只要拥有过人之处，就会想方设法让全世界的人都知道她现在过着衣食无忧的生活，有人爱，被人宠，这也是女人好胜心的表现。只要女人懂得适可而止，男人对此不必过于苛责和厌弃。

爱面子也并非一无是处，女人会因为爱面子而更加努力工作，不断充电，让自己能够拥有更好的生活，并在事业上有所建树。与此同时，还会因为爱面子用心地打扮和包装自己，以呈现更好的状态。另外，还会不断提升自己的内涵，拓展自己的知识面，以接触到更高层次的人群，让自己的生活更加多姿多彩且富有品质。也正因如此，我们才有幸看到越来越多的知性优雅、落落大方的美丽女人。

02 用智慧应对女人的好胜心

好胜心虽难以避免，但凡事都有一个限度，一旦超越了底线和自己实际能力的承受范围，就会有如无底洞一般，给自己和家人带来无穷无尽的烦恼。

当妻子走上了极度爱面子的不归路时，作为丈夫就要运用自己的智慧对女人循循善诱，潜移默化地加以改变，而不能生硬地一口回绝，或者对她严加斥责，这样简单粗暴的行为只会伤害女人脆弱的自尊心，让两个人的感情因此而产生重重的伤痕。为了达到自己的预期目标，应该采取迂回战略，既要顾及女人的尊严和面子，也要智慧地帮助她转变极端爱面子的偏激思想。

海涛和佩文是经人介绍走到一起的，第一次见面时漂亮的佩文并没有相中能说会道的海涛，她心目中的白马王子是低调内敛的成熟男人，而海涛的言谈举止却透着一股稚气未脱的孩子气。只是介绍人一直劝说佩文不要忙着拒绝，男方对她很满意，希望能给他一个机会，试着交往一段时间再做决定也不迟。经过一段时间的接触，佩文发现了海涛身上有很多闪光点，他聪明机灵、心地善良、口才好，每每坐公交车遇到老年人都会主动让座，路见不平也会挺身而出，颇具男子汉气概。而海涛一直对佩文关心备至，一年后，两个人走进了婚姻殿堂。

婚后海涛一如既往地对佩文百般呵护，有求必应。佩文是一个特别爱美的漂亮女人，看到同事或闺蜜穿了什么名牌服装，背了什么奢侈名包，也会撒着娇让海涛给她置办更好的，开始时海涛对老婆的要求说一不二，立掏腰包，并信誓旦旦地说："漂亮媳妇理所应当配漂亮衣服，正所谓好马配好鞍嘛！"但佩文的购物需求有增无减，衣柜里她的衣服已经堆得快像雪崩一样坍塌了，可她还总是觉得没衣服穿，流水的银子花出去，这让海涛有些吃不消了，心里想着：怪不得人们总说，女人的衣柜里，永远少一件衣服！

一个周末的上午，佩文又缠着海涛一起逛商场，海涛一路走一路想着对策，这回可不能再让她买那么贵的衣服了。进了商场，他带着佩文绕过以前买衣服的那家高档品牌店，特意走了另一条路，没想到，准备要去的那家大众品牌已经换成了另一家国际品牌店，比绕过的那家店档次还要高，佩文一见立刻两眼发光，以迅雷不及掩耳之势冲到了店里，像皇上选秀女一般开始了精挑细选。海涛站在原地，如同雕塑，心里直呼大事不好。

在佩文不断地召唤下，老公硬着头皮进到店内，看到衣服标签，每件都是4位数起，唉，真是人算不如天算啊！当老婆又拿着一条价格不菲的连衣裙进到试衣间时，海涛无意间看到前面不远处就是上次老婆说过想去吃的一家私房菜餐厅，旁边是一家人头攒动的服装店，款式青春亮丽很适合佩文。海涛突然眼前一亮，计上心头。等老婆从试衣间穿着连衣裙走到海涛面前时，他煞有介事地前后左右仔细端详，最后真诚又专业地说："整体感觉还不错，就是腰身收得不太自然，显得有些胖。不过你要是喜欢，咱们就买了！"说着掏出钱包，准备开票买单，佩文不知这是老公的欲擒故纵之计，听到老公说显得胖，这可是女人的大忌，必须放弃，说着赶忙拦下要去开票的海涛，自己回去换衣服。

海涛一看第一步成功，便继续启动第二步，等老婆从试衣间出来，他马上说："老婆，这都快中午了，我们先去前面那家你上次就想吃的私房菜吃饭，吃完再好好挑衣服！"说着拉起佩文走出服装店，来到餐厅。他特意选了一个挨着那家人气很旺的服装店的位子坐下，在等上菜的过程中，他不停地对佩文说："你看这家服装店人可真多，服装种类也多，款式也时髦，瞧！模特穿得那条连衣裙比你刚才试的那条还好看，设计更新颖，一会儿吃完饭咱们去看一看！"佩文被海涛一阵忽悠，注意力已经从刚才那家店彻底转移到这边。

吃完饭，正如海涛所预料，老婆迫不及待地去了那家店，直接让服务员拿了他推荐的那条连衣裙进了试衣间。男人耐心地在外面帮妻子挑选其他的服装，最后佩文心满意足地选了两件衣服，开心地拉着丈夫的手一起回家了。

海涛算了算连吃饭带买衣服才花了1000多元，而第一家时装店的那条裙子就要4000多元，省了一大笔开支。虽然钱花得少，但佩文却喜出望外，一是老公对自己无意间说过的话一直记在心里，今天特意带她去那家餐厅吃饭，二是陪着自己毫无怨言地溜溜逛了一整天，也没给他自己买点什么，让她在开心之余，又心生一份感动。

除了用这种神不知鬼不觉转移注意力的方法，海涛在适当的时机也会开诚布公且注意措辞地和老婆进行交流，把家里的花销已严重透支等实际情况跟她如实说清，佩文马上意识到自己不该大手大脚地花钱，也不该和朋友盲目攀比，过好自己的小日子才是最重要的。在丈夫智慧且耐心的引导下，佩文渐渐改掉了爱慕虚荣的习惯，两颗心比以前贴得更近了。

对于妻子那些完全缘于攀比的奢侈消费，丈夫一定要学会适时智慧地喊停，就像文中的海涛，在面对妻子不断要求的奢侈消费时，先要了解女人的真实心理，再一步一步慢慢引导她接近自己的预期目标，整个过程需要用真心、耐心以及慧心去完成，既让妻子不失尊严和面子，又能在潜移默化中改变她以往虚荣奢侈的消费习惯。

How to Change Your Wife in 30 Days

改 | 变 | 秘 | 诀

女人的好胜心在生活中随处可见，无论是对美丽的追求，还是朋友间的攀比，只要是在能力范围之内的，不妨酌情满足一下她那颗人畜无害的小小好胜心。简单的一件事，既可以让女人心满意足，还能增进两个人的感情，可以说是一举两得的好事。但对于那些日益过分的奢侈要求，男人一定要学会智慧引导，既不能一味为哄她开心而打肿脸充胖子，也不能不顾妻子面子而鲁莽生硬地回绝，而要注意方式方法，慢慢地加以启发，耐心地等待她的改变。

第 14 天：她只需要你的倾听

改变焦点：

目标：对丈夫提出的合理建议不感兴趣的妻子

原因：妻子不需要建议或意见，只需要丈夫安静地倾听

焦虑：丈夫不了解妻子的倾听需求，使妻子将不满情绪彻底爆发出来

歧途：不停地打断妻子的倾诉，提出各种解决意见

真相：妻子不看重解决方案，只想充分表达自己，并得到丈夫的理解

倾听在婚姻里是一件举足轻重的事情，它代表着男人与女人之间心与心的沟通与交流，是一种让彼此之间更为亲密的近距离互动。男人如果想得到女人全身心的爱，就要懂得如何正确地去倾听。丈夫在倾听之前一定要明白，不需要从女人讲述的复杂细节中找出解决问题的方案是要给予妻子更多的支持和帮助，因为她有自己想做的事情，并且具有独立面对困难和挫折的能力，她所关注的重点在于谈论问题的细枝末节是否得到了充分的宣泄和满足。

所以，当女人在向男人倾诉时，无论女人说些什么，都不要与她争论是非对错，而应该主动给予她想要的关爱，让她体会到你对她的体贴与安慰，让她明白你是爱她和理解她的，能够带给她幸福和快乐、宁静和放松就足矣。

女人在感受到这些正面回应时，会更加珍视彼此间的真挚情感，并在今后两个人的相处过程中给予男人自己全部的爱与信任，让男人时刻享受到被爱包围的幸福感。

01 只需要你来倾听

作为一个善解人意的丈夫，最行之有效的神器就是你的耳朵。仅仅耐心地倾听妻子的倾诉，就能够让她感到自己是被尊重和理解的，同时还会感受到你对她的爱与关怀。这个神器听起来好用，但却有很多丈夫无法很好地将其利用，主要是由于他们的倾听能力相较于分析能力来说明显偏弱。仅仅耐心地倾听并不是丈夫所擅长的事情，他们更愿意就事论事地加以分析，为妻子给出自认为最佳的解决方案，并希望妻子能够“依计而行”。

其实，很多时候，女人发发牢骚，频频抱怨，并非为了求得丈夫的帮助，只是出于信任，想通过这种方式让两颗心能够走得更近而已。她想聊聊天，分享一下当时的心情，但丈夫却误以为妻子有事相求，于是不停地打断妻子的倾诉，在没有搞清对方真实需求前，接二连三地就一个问题提出解决意见和建议，让女人无法将谈话进行下去，男人也感到自己的好心非但没有得到认可，反而遭到了无情的忽视。

一天晚上，慧欣精疲力竭地回到家，特别想和丈夫云霆说说自己一天的工作感受。

慧欣抱怨道："这一整天的工作实在是太累了，要干的事情那么多，连喘口气的机会都没有。"

云霆听了，马上用教育的口气说道："我早就让你辞职在家，做一个全职太太，找点自己喜欢的事情做，既轻松又惬意，多好。"

慧欣有些不高兴地说："可是我挺喜欢我现在的工作，只是今天一个同事辞职了，我要先暂时把他的工作接手过来，领导居然指望我马上就能上手处理好一切。"

云霆还是没有听出慧欣想求得安慰的意图，依然按照自己的想法，对慧欣说："别听他们的，按照自己的节奏尽力而为就好。如果实在觉得工作不开心，就辞职回家，我养你。"

慧欣见云霆根本就没有理解她的心思，有些生气地说："我就是按照自己的节奏去工作的，也没有不开心，只是有些累，忙得我居然忘了给姑妈回电话了！"

云霆不以为然地说道："别担心，她不会为了这点小事就生你的气。"

慧欣不高兴地说道："你都不知道姑妈最近遇上了一件特别糟心的事情，她需要我的帮助和安慰！"

云霆有些不耐烦地说道："你就是太爱管闲事，太爱操心了，这就是为什么你总是心事重重、闷闷不乐的原因！"

慧欣彻底被丈夫的指责激怒了："谁说我心事重重，不高兴

铁血柔情，成就贤妻良母

妻子想要得到的只是丈夫的安慰和理解，而不是给自己提出略带指责性质的解决方案。所以，当女人始终没有从男人那里得到内心需求的满足时，就会将对男人的不满情绪彻底爆发出来。

这样的沟通方式，妻子会认为自己最大限度地得到了丈夫的理解与尊重，丈夫也为能切实有效地帮助到妻子而备感欣慰。

啊！你能不能让我把话说完，再发表意见啊！”

云霆也憋气窝火地说：“我不是一直在听吗？好吧，那你说，我什么都不说就是了。”说完，便双眼直勾勾盯着电视，一言不发。

慧欣失望透顶地说：“我真是要被你气死了，咱们之间没法沟通。”

从旁观者的角度来看慧欣与云霆的对话，我们可以清晰地发现其中的问题所在，妻子想要得到的只是丈夫的安慰和理解，而不是给自己提出略带指责性质的解决方案。所以，当慧欣始终没有从云霆那里满足内心需求时，就将对男人的不满和烦闷情绪彻底地爆发出来。

事实上，当一个女人对自己心爱的男人倾吐“内心不快”时，她想要得到的并不是男人提供给自己的可行性建议，而是男人对自己的体贴和关心。他们根本不用做太多有技术含量的事情，只要报以同理心，站在对方的立场去理解和安慰女人，就可以帮助她排忧解难，使她的心情渐渐平复。

02 交流是理解的关键

有效的交流是婚姻最好的润滑剂，夫妻双方只有保持良性的沟通与交流，才能将生活中的一些摩擦和矛盾随时化解，让婚姻生活稳步前行。夫妻间交流一直以来都是被不断强调的问题，但根据一项有关婚姻方面的调查显示：对于现代大部分婚姻而言，最大的杀手不是婚外恋、生理问题和家庭暴力，而是双方对于两个人之间的交流与沟通感到无能为力。

女人与生俱来是通过语言来感受爱的存在的，也喜欢通过谈话来释放自己的情感。她们就像一个茶壶，会收集一天当中所有发生在她身上，或与她有些许关联的事情，这是一个有意无意间的积累过程。回到家，见到丈夫，就需要第一时间内倾倒、释放出自己的感受，不能拖延，否则这种倾诉欲望就会逐渐衰减。如果丈夫不能及时与妻子进行语言上的交流，就会让她感到你不关心和理解她，无视她的存在，久而久之，两个人之间的感情就会出现裂痕。

慧欣加班到深夜，拖着疲惫的身体回到家，开始了一段向丈夫倾诉不满的对话，与之前的模式截然不同。

慧欣满腹牢骚地说："今天我的工作量爆表，加班到这么晚都没能干完，一天下来，连口水都没顾上喝。"

云霆听了妻子的抱怨，满眼爱怜地说道："看样子你今天真的累坏了，先躺下歇一歇，我去给你榨一杯你最爱的果汁。"

慧欣点点头，接着说道："今天一个同事辞职了，领导让我暂时先把他的工作接手过来，并希望我能够马上将他遗留的问题全部处理好。天啊！我又不是有三头六臂，这样的要求真是太强人所难了！"

云霆一边榨果汁，一边问："哦，是吗？情况听起来真是有些棘手，你这一天下来实在太辛苦了！"

慧欣突然懊恼地说："哎呀！今天忙得我焦头烂额，居然忘了给姑妈回电话了！"

云霆将榨好的果汁递给妻子，问道："姑妈有什么急事吗？"

慧欣喝了一口清凉的果汁，自责地叹了口气："是啊，这两天姑妈遇到了一件特别烦心的事情，她急需我的帮助。"

云霆安慰道："亲爱的，你真是个热心肠，总能为别人着想，我最欣赏你这一点。别担心，今天太晚了，明天上午我提醒你给姑妈回电话。"说完，充满爱意地给了妻子一个深深的拥抱。

这一刻，慧欣在丈夫的温暖怀抱中，感到既放松又舒心，她长长地出了一口气，心中的焦虑和烦躁顷刻间烟消云散，满满的浓情蜜意笼罩在她的周身，她心存感激地说："谢谢你，亲爱的，总当我的垃圾桶，听我说这些令人不愉快的事情，现在我感觉好多了！"

云霆摸了摸妻子的头，一脸温存。

这样称心如意又温馨圆满的结局，不仅化解了妻子劳累一天的阴霾和疲惫，也增进了夫妻双方的感情。慧欣认为自己最大限度地得到了丈夫的理解与尊重，云霆也为能切实有效地帮助到妻子而备感欣慰，同时妻子对他的信任和依赖，也让他平添了一份自豪感。

女人的交流方式就是与男人如此不同，男人对于自己的感受有着明确的感知，只有在他们认为有必要进行倾诉时，才会有所试探地慢慢切入正题，而女人则是通过释放性的谈话方式，将自己所感知到的所有东西，如竹筒倒豆子一般全部倒出，有时她们所涉及的话题，发散到自己都难以想象的领域，她们还会自寻开心地将话题向回寻找，想了解清楚，到底是哪个环节引发了这样的发散性思维。

作为丈夫，必须要清晰地认识到这一点，当妻子想和你交流时，她所需要的就是你的耳朵而已，只要你耐心而真诚地做到这一点，就会更能理解和体会到她的内心，也会增加你在妻子心目中的分量，成为无法取代的知心爱人。

男人只要学会认真倾听女人的心声，正确理解女人的感受和需求，两个人之间的沟通交流就会变得日趋顺畅，也很容易达到心灵上的契合。倾听就像一门艺术，需要花费大量时间反复地练习与实践，才能运用得如行云流水般纯熟，才能得心应手地破译对方的语言和心声，而你所付出的一切，终将会得到不可思议的回报。

How to Change Your Wife in 30 Days

改｜变｜秘｜诀

男人要鼓励女人向自己倾诉心声，与此同时，在倾听女人说话的过程中，如果能始终保持平和耐心的态度，会让女人如获至宝、如沐春风一般，沉浸在爱人的关爱、理解、尊重、体贴和安慰中，极大满足女人的情感需要和诉求。于是，女人就会产生足够的安全感，尽情地在男人面前吐露心扉。她越能勇敢地表达自己，就越能感受到更多的支持和理解，进而，就越能赋予男人所需要的信任、接纳、认可、鼓励、欣赏，甚至崇拜，这是夫妻间一种可遇不可求的良性感情循环。

第 15 天：读懂妻子的唠叨

改变焦点：

目标：对丈夫唠叨不休的妻子

原因：妻子认为唠叨是深爱男人的表现

焦虑：女人无休止的唠叨搅得男人得不到片刻安宁

歧途：男人对妻子唠叨不耐烦，避之唯恐不及

真相：婚后丈夫对妻子少了宽容与体贴

一般来说，“爱唠叨”只是用来形容女人的。难怪人们会说：世界上最厉害的爱情杀手莫过于男人觉得自己的妻子越来越像妈妈，女人觉得自己的丈夫越来越像不成熟、自私、懒惰的小男孩。

01 女人的唠叨缘于爱意

女人通常会认为自己的唠叨都是深爱男人的表现，但是，男人却不这样看待女人的唠叨。女人总是责怪男人不该把湿毛巾扔在床上，不该脱了袜子随手乱扔，不该老是忘记倒垃圾。女人也知道这样絮叨很容易激怒对方，但她认为对付男

人的办法就是反反复复地重复某条规则，直到有一天这条规则终于在男人心里生根发芽。同时，她觉得自己所唠叨的事情都有事实依据，所以，尽管明明知道会惹恼对方，还是有充分的理由去唠叨。

曾经看过这样一句话："唠叨，是女人最高阶的爱；沉默，是女人最可怕的冷酷。"一个女人在男人身边一刻不停地唠叨，的确缘于她的一片深情厚意，当有一天她不再唠叨，也就意味着她对男人的爱已经消失殆尽。

一个男人来到曾经上大学的城市出差，正好借此机会和几个大学同学相约一聚。席间，大家天南地北地神侃海聊。这时男人的手机响了，他看了一眼，直接把手机挂断。没过一会儿，手机铃声再次执着地响起，男人依然只是看了一眼，便按成了静音模式。旁边的一位朋友看不过去了，好心提醒道："你还是接吧，万一有什么急事呢？"

男人对着朋友们歉意地笑了笑，站起身走到包间的窗前，接通了电话："你有什么事吗？"从生硬的语气中听得出有一丝怒火正在燃烧。

"正在和几个大学同学一起吃饭！"

"嗯，宾馆订好了……"

"这里不冷，嗯，厚衣服你不是都给我装好了吗？"

"好好好，少喝酒，多吃菜……"

"没事就挂了吧，好多朋友都在呢！"

挂了电话后，朋友们都跟着起哄："是嫂子吧？真惦记你啊，刚离开一天，电话就追过来了。”

男人一脸苦笑地摇摇头，叹了口气说：“就是太惦记了！我媳妇儿什么都好，对我爸妈很孝顺，对孩子和我尽心照顾，就是太能唠叨了！从早上睁开眼就开启了话匣子，今天多少度，应该穿什么衣服，在单位多喝水，午饭不要总到外面瞎吃，容易吃坏肚子，带好随身物品，门钥匙、车钥匙检查一下，晚饭想吃啥……就这样能一直唠叨到我离开家门。就算像今天这样出差在外，我要是不拦着，她能在电话里说上一个小时，而且都是些老生常谈的问题，少喝酒，千万别混着喝，晚上早点休息，酒店房门要关好，我在外边待几天，她就会把这些话重复说几天……每天听着她的碎碎念，真想找个地方躲起来。唉，好不容易逃离了老妈的‘虎穴’，又陷入老婆的‘狼窝’……”

听着男人无可奈何的吐槽，有不少朋友也纷纷加入他的吐槽阵营中，将自家唠叨的老婆一一抬了出来，成为饭后谈资，刚才还是一群血气方刚的男子汉，这一刻仿佛变成了一群“深受妇害”的怨夫。

眼前的这一幕，从女人角度看，这不是唠叨，是对老公的爱和关心。而从男人的角度看，女人的唠叨是一种间接的、无休止的、否定性的提醒。它提醒你还有什么事没有做，或提醒你还有什么缺点，抑或提醒你又犯了哪些错误。而这种提醒总是发生在傍晚或吃饭时间，这个时间段正是男人最想放松下来的时刻。

男人应该尽早明白，如果一个女人不再对你唠叨，大概率表明她不再爱了。唠叨需要一个容器，聪明人知道它的标准。标准对了，它便如泓泓清泉般沁人心脾。一个幸福的家庭需要爱，更需要用心经营，容忍女人的唠叨，何尝不是给自我、给家庭的一种解脱。

02 女人的唠叨是一种变相的沟通

对于女人的唠叨，很多男人都避之唯恐不及。但如果男人能从另一个角度看待女人的唠叨，就会发现它所带来的好处，唠叨绝不仅仅是毫无养分的无聊吐槽，更多时候是一种变相的沟通。有心的男人还会在女人不断的唠叨声中，听出对自己有益的关键点，与妻子进行简单的交流后，能够了解到如何对其加以调整和改变，使自己变得更好更强大。如果有一天家庭忽然少了女人的唠叨声，也许也就少了一份温馨，少了一份牵挂，家中的男人和孩子就像失去了灯塔和舵手，反而会感到没有了前行目标般的无所适从。

旭东结婚5年，和妻子相处融洽，他不仅喜欢她的温柔贤淑，还与众不同地钟情于她的唠叨。如此“反常”让很多人都深感不解，世间哪个男人会心甘情愿忍受老婆整天的唠唠叨叨，弄得自己耳根得不到片刻安宁？唯有旭东对老婆的唠叨乐此不疲。

在外人眼中，旭东是一个名副其实的“五好”男人，长得好、工作好、性格好、对家人好、对朋友好。他每天上班都西装革履，举止得体，一看就是职场精英。旭东周围的人都对他赞不绝口，他的父母听在耳里，乐在心里，二老还清楚地记得结婚前，儿子还是一个邋遢大王，如果不是妻子在婚后整日的唠叨，潜移默化地慢慢“改造”了他，儿子怎么会有今日这般喜人的变化？

旭东负责公司华南地区的销售工作，出差对他来说是家常便饭。每次出差前，妻子都会耐心地帮他收拾行李，旭东在桌前整理工作资料，女人就在一边收拾衣物，一边对丈夫唠叨起来：“你在工作上一定要仔细认真，准备的发言资料都要存在电脑里，新起草的文件要及时保存，这是我给你新买的U盘，注意随时备份，以防万一。可千万别像上次一样辛辛苦苦写了文案，因为电脑故障，平白丢了好多数据，还得重新来过。”

旭东笑着接过U盘，说了句：“谨听娘娘教诲。”

妻子继续唠叨着：“南方热，记得每天换洗衬衫，换下来的衬衫直接交给酒店清洗就可以了，他们会给熨烫得很平整。你经常接待客户，一定要注意个人形象，这是你们公司的门面，也是你的一张名片。”男人听了傻笑了一下，仍然低头工作。女人见状，并没有停止唠叨：“你还笑，上次我给你叠得平平整整的衣服放在行李箱里，你出差三天居然都没换过衣服，大热天的，你闻不到自己身上的汗味吗？就算你闻不到，客户的鼻子可灵着哪，见你这么邋遢、不修边幅，会对你的印象大打折扣，手下的同事也会觉得你不够职业。”

旭东抬起头，冲着老婆狠狠地点点头。

“还有在外边不许拈花惹草，别像你有些哥们儿似的左一个红颜知已，右一个痴情迷妹，要是让我发现了蛛丝马迹，看我不用家法惩治！”

男人停下了手中的工作，走到妻子面前，充满爱意地搂住了她，拍了拍她的肩膀说道："放心吧，你是我的唯一！"女人幸福地笑了笑，继续帮他收拾行李。

人们常说高山流水觅知音，唠叨的女人同样可以找到懂她的男人。在一个家庭中，如果缺少了女人的唠叨，也就失去了约束力、执行力和教育引导力。一个静默的家庭，女主人每天默默无闻，这并不意味着她治家有方，而是意味着，她要么软弱无能，要么对这个家不以为意。唠叨，既是与家人的一种变相沟通，也是一个女人家庭责任感的表现。

How to Change Your Wife in 30 Days

改丨变丨秘丨诀

一个男人如果真的爱自己的妻子，他会承受妻子琐碎的唠叨，会明白妻子的良苦用心，也会读得懂唠叨背后的弦外之音，会明白这喋喋不休的唠叨之中其实包裹着深深的关心与爱意。所以，真正具有智慧的丈夫，面对深爱自己的妻子，会用更长远的目光，更开阔的胸怀，更广大的度量，包容妻子的唠叨，理解妻子的倾诉，让她最大限度地释放出爱意，表达出温柔。

第16天：赞美中隐藏着幸福

改变焦点：

目标：渴望得到丈夫赞美的妻子

原因：未能让女人切身体会到丈夫对她的欣赏与关注

焦虑：对妻子的付出视而不见或吹毛求疵

歧途：男人认为女人的付出是应当应分，自己坐享其成也是合情合理

真相：赞美是幸福婚姻的润滑剂

你是否还记得，在告别浓情蜜意的恋爱阶段，进入日趋平淡的婚姻生活后，有多久没有赞美过妻子了？如果你想了很久还不能给出具体的时间，那么，有理由相信你的婚姻已经平淡得如同一潭死水，失去了应有的生机与活力。婚姻需要经营，经营需要智慧，而发自内心的真实赞美就是维护夫妻关系的一种智慧。

01 赞美是维护情感的利器

婚后的女人，在柴米油盐琐碎生活的浸泡下，从曾经令人

目眩神迷的红玫瑰变成了如今惹人厌烦的蚊子血，从昔日心荡神摇的白玫瑰变成了今日扎眼突兀的米饭粒，原本美好脱俗的一个佳人日渐变得庸俗平常。其实，变的不仅仅是妻子，主要是男人对女人的欣赏和关注的目光变了。

事实上，我们每个人在婚后都要调整自己各方面的状态和心态，为了完全不同的两个人能够更好地融合在一起，有时还要适当地主动做出改变。但对于恋爱时的一些好习惯，夫妻双方都应该予以保留，并一直延续下去，比如，赞美就是最不能舍弃的一种维护情感的利器。真正聪明的夫妻懂得互相欣赏，不吝赞美。而丈夫对妻子的赞美不仅能让她感受到幸福和喜悦，同时还能让整个家都散发出浪漫温馨的味道。

林洲和妻子丽珍结婚将近7年，两个人的感情平平淡淡，进入死水微澜的状态。对于这样的婚姻，他们都感觉日子变得越来越无趣，虽然都已过而立，却也正值壮年，家中的平静总让人觉得有些压抑和不安。

林洲在一次偶然的机会，参加了一场婚姻讲座，内容是“赞美你的另一半”，他听后很受触动，决定在生活中加以实践。以前，每次丽珍做完晚饭，他总会挑三拣四地怪老婆的手艺不佳，饭菜完全不对胃口。妻子开始还会耐心地征求他的建议，并做出相应的改变，但林洲对于妻子的改变，非但没有加以鼓励和赞美，反而一如既往地批评和指责，这让丽珍很受伤害，后来干脆产生逆反心理，饭做得一天不如一天，两个人为此经常会在饭桌上发生争执，全然不顾坐在一旁的5岁儿子。

听完讲座的这天晚上，当妻子下班回家按部就班去做饭时，林洲主动提出要陪她一起做饭。这让丽珍深感意外，眼中突然闪烁出消失已久的光芒。两个人在愉快的氛围下做了一顿丰盛的晚餐，儿子跟在妈妈后面也高兴得手舞足蹈。林洲带着欣赏的目光看着忙碌的妻子，赞美着妻子的干练。当一家三口坐在餐桌前准备共进晚餐时，男人发现丽珍的脸上再现出开心的笑容，这时的妻子是那么明媚动人。

从那天以后，林洲开始毫不吝惜地赞美妻子，他的朋友圈经常会出现丽珍的身影和他对妻子的赞美之言；当妻子换了一个新发型，他会马上说“这个新发型很适合你，漂亮极了”；当妻子新学了一道菜，虽然味道并不尽如人意，他也会鼓励道：“第一次能做到这种程度，真的很不错了，相信你下次一定会做得色香味俱全！”林洲明显感觉到妻子的变化，她仿佛又回到初恋时的小姑娘状态，周身散发出青春的活力，快乐自信，勤劳能干，甚至还变得更加浪漫和性感。家里的氛围也越来越欢乐和谐，一家三口经常在一起共度晚间和周末时光。他们彻底打破了前不久还波澜不惊、令人窒息的痛苦局面，重新寻回恋爱和新婚时的情投意合。

爱她就要赞美她，不要偏执地认为赞美爱人是热恋时的专属情节，婚后的男人们同样要将这一优秀技能继续付诸行动，甚至要运用得更加炉火纯青，找到合适的机会就要不遗余力地赞美她。

这世界上本就没有完美无瑕之人，也鲜有天赋异禀之辈。终其一生，我们所要面对的，都是枕边最平凡的那个人。既然赞美可以成为维护情感的润滑剂，可以让日趋平淡的婚姻重新焕发出往日的活力，还可以让彼此的心情喜不自胜，我们又何乐而不为呢？

02 在家人面前赞美她

受传统观念影响，在中国的大部分家庭中，很多女人在像男人一样肩负着养家糊口的经济重担的同时，还要承担起整个家庭的大部分责任，包括做家务、照顾老人和孩子等。女人的一生以结婚为分水岭，结婚当天像公主一样由父亲牵引着，将手交到另一个男人手中，之后的一个月沉浸在像皇后一般的蜜月幸福期，除此之外都在辛苦付出，孩子出生后更是变本加厉地为全家“俯首甘为孺子牛”，这样的生活会延续一辈子，一眼望不到尽头。

其实，女人对全家付出最无私、最纯净的爱，并非为了得到相应的回报和赞美，但在她们内心深处，却渴望得到家人的理解与反馈，这是对她们辛苦付出的一种认可，更是支持她们继续走下去的“能量棒”和“强心剂”。因此，男人一定不要吝惜对妻子的赞美，更不要觉得夫妻间无须赞美之词的点缀，否则就会显得彼此生分。这样的想法只是男人的一厢情愿，在女人心中，一两句真诚的赞美，就能让她笑容满面，心似蜜甜。

中秋佳节是阖家团圆的日子，也是瀚森和妻子琳琳结婚一周年的纪念日，他们将双方父母和亲戚请到一处，共度佳节，也一并庆祝两个人的“纸婚”。在宴席上,他俩自然成为大家关注的焦点,长辈们嘘寒问暖,说了很多关切的话语,并传授了不少生活中的持家小窍门给妻子。

等到长辈们话音渐落,瀚森举起酒杯,对大家真诚地说:“特别感谢各位长辈今天能来参加我和琳琳的一周年结婚纪念日,并对我们的新婚生活如此关心,提出很多治家之道,让我俩深感受益匪浅。另外,我也想请各位长辈放心,虽然我和琳琳在婚姻方面是新手上路,刚刚承担起家庭的重担,但我们一定会努力把日子过好。

“在这一点上,琳琳比我做得要好,这一年来,她作为妻子是称职的,不仅每天披星戴月地上班工作,回到家还把家里家外打理得井井有条,让我深深感受到家的温暖。她由于在单位的出色表现,前不久被提升为部门主管,工作量增加了不止一倍,经常晚上加班到很晚,但却没有忽略对我的关心和照顾,每天早上都会给我做爱心早餐。要知道,她在婚前可是一个衣来伸手、饭来张口的小公主,现在能为我学习烹饪,真的让我由衷地感动。

“我真的特别感谢老婆对我的理解和包容,我们这一年也吵过架,拌过嘴,但她从不会跟我斤斤计较,更不会像其他女人一样动不动就和老公闹冷战,能娶到琳琳这样的媳妇,我很知足,这辈子的幸福都靠她了。请各位长辈放心,我们的日子一定会越过越红火。”

瀚森说完,向大家深深地鞠了一躬,在场的亲戚长辈听了频频点头,纷纷向琳琳伸出了大拇指,并说了很多温暖人心的祝福话语。这时的琳琳早已抑制不住内心的感动,潸然泪下,脸上却洋溢出满满的幸福感。

婚姻生活可以平淡无趣,也可以激情四射,关键看你如何去选择和经营。不懂得赞美妻子的丈夫是不明智的，在缺少赞美声的家庭里，男人会固执地认为女人的辛苦付出都是应当应分的，而自己的坐享其成也是合情合理的。其实，这世间的一切从来不存在所谓的应该，只有愿意与否。

用充满激励的言语赞美妻子，一句“亲爱的，你太棒了”就足够。简单的几个字，其力量却是惊人的，既能够让妻子体悟到赞美中饱含着丈夫对自己的认可和肯定，又能让女人自主地激发出内在的无限潜能，她会为了这个家，为了丈夫，更加努力地付出。因此，不要吝惜你的赞美，你对爱人的每一句赞美里都隐藏着婚姻的幸福值。

How to Change Your Wife in 30 Days

改 | 变 | 秘 | 诀

女人感性得像一朵开放在晨曦中的茉莉花，轻盈而细腻，一阵微风都可以使她迎风飞舞，飘飘欲仙。男人发自肺腑的一句赞美很可能会换来妻子一整天的快乐，而她的快乐就是你的幸福。如此唾手可得的幸福为什么不主动去表达呢？一个富于智慧的男人会在妻子遇到困难和挫折、需要最爱的人给予鼓励时，真心地对她赞美一番，让她重拾信心和动力。一个男人对妻子的真诚赞美会让女人变得更加自信、自强和自立，同时也会带给男人更多的惊喜和情意。

第17天：对妻子心怀感恩

改变焦点：

目标：全心付出却得不到丈夫认可的妻子

原因：女人不计回报的付出早已成为理所当然和应当应分的

焦虑：丈夫对妻子的付出视若空气，会让她感觉身处地狱般无望

歧途：男人只知道享受婚姻带来的福利，却不知心怀感恩

真相：丈夫对妻子的付出要学会投桃报李，这是维系婚姻的金科玉律

英国知名作家、诺贝尔文学奖得主威廉·戈尔丁曾说过这样一段话："无论你给一个女人什么，你都会得到更好的回报。如果你给她一颗精子，她会给你一个孩子；如果你给她一个房子，她会给你一个家；如果你给她一堆食材，她会给你一顿美餐；如果你给她一个微笑，她会给你一整颗心。她会使你给她的东西放大和倍增。"

事实的确如此，我们常说，世上最可贵的两种人，一种是年轻时陪你吃苦的女人，一种是年老时陪你享福的男人。最好的爱情，莫过于男人记得女人的付出，也深深懂得女人的不易。其实，婚姻生活不是报恩，而是感恩。两个人因爱结合，所以必然要共同付出，进而彼此感恩，才能得以长久。衡量一段婚姻幸福与否，不在于谁付出多少，谁得到多少，而在于双方是否能够对彼此的付出牢记于心，并表露于行。如果一个男人不懂得感恩，只知道一味享受婚姻所带来的福利，却不肯承担相应的责任和义务，甚至不知对妻子怀有感恩之心，这样的婚姻注定不会长久，很容易在某一时刻就灰飞烟灭。

01 让妻子知道你的感谢

女人无论作为妻子，还是作为母亲，她们对家庭的付出真的无法衡量。但很多男人总是很容易被陌生人所感动，偏偏对最亲密的妻子却习惯性地抱有苛刻和麻木的态度。他们经常会忘记一个极为重要的事实，除了父母之外，对他最为关心、照顾最多的就是身边的妻子。因此，在婚姻里，男人首先要做一辈子“马拉松”的事情就是，让妻子随时随地知道你发自内心感激她所做的一切。

曾有这样一个故事：一天晚上，丈夫下班回到家，发现自行车挡住了汽车道，屋子里一片狼藉，水池里放满了没有清洗的盘子和碗筷，待洗的脏衣服堆积如山，玩具到处都是，没有一处可以下脚的地方，两个未上学的孩子把墙乱画得一塌糊涂，脸上、衣服上全是涂料，活像两只小花猫。而丈夫最后发现他的妻子正躺在床上睡觉，他叫醒了她，不解地问道：“亲爱的，这到底是怎么回事？家里就像经历了一场浩劫，孩子们也变成了没规矩的野小孩，究竟发生了什么？”

妻子看着他，露出了疲倦的笑容："现在你明白了吧？平时你总是在回家后，问我一整天都在干什么。"

丈夫一脸疑惑不解地看着她，问道："什么意思？"

"今天我身体不舒服，除了给孩子们做饭，剩下什么都没有做。"妻子说。

丈夫明白了妻子的用意，脸上露出了温柔宠溺的笑容，给了女人一个大大的拥抱，并对她轻声耳语道："亲爱的辛苦了，感谢你为这个家所做的一切！"

男人要学会尊重妻子的付出，尽管这些事情看起来琐碎又不见成效，但千万不要因为她是你的妻子而忽视她，更不要认为她所付出的辛苦是应当应分、理所当然的，而要发自肺腑地尊重和珍惜她的付出。

其实，女人所求的不多，不过是一番辛苦换一声谢谢，一腔真情换一份感恩，一颗真心换一生相随，这些心愿男人只要有心做到，随口一出便可满足她。而让女人最为害怕之事，也不过是劳心劳力却得不到一丝认可，掏心掏肺却换不来一份真心，呕心沥血却听不到一句谢谢，这些女人眼中的雷区，男人只要用心避让，随时可以将女人的心结打开。

02 通过谢意表达爱意

美国心理学家马斯洛把人的需要划分为五个层次，依次是生理需要、安全需要、归属和爱的需要、尊重需要和自我实现需要，其中最高层次为"尊重需要"和"自我实现需要"，强调每个人都需要被尊重，觉得自己做的事情有意义和有价值，而人的被尊重感和自我价值感的满足，主要源自外界的认可、他人的鼓励和感谢。

比如，妻子操劳琐碎的家务事，对丈夫和家人无私付出。丈夫懂得感恩，适时说出“谢谢你”，会驱散妻子的疲劳，给妻子注入爱的动力，让妻子觉得爱有所值，身心舒畅，更加乐此不疲。如果丈夫对妻子的付出心安理得地接受，非但不领情，还吹毛求疵，极易让妻子感到困惑和愤恨，深感孤立无援，并开始怀疑自己付出的价值，变得偏激、焦躁和不自信，于是便会和丈夫斤斤计较，针锋相对，让婚姻变得痛苦不堪。

我的一个朋友结婚4年，为了能有更多的时间照顾孩子和同住一栋楼的公婆，多次放弃了事业上的升迁机会。虽然说工作单位离家近、活儿少、挣钱不多，但两头兼顾还是感觉心力疲惫。最近3岁的儿子上了家门口的幼儿园，公婆主动提出每天接送孩子，这样她终于能够从紧绷的生活中得到了一丝喘息。

正巧，公司要派一部分骨干员工去美国学习20天，培训归来就可以作为储备干部得到晋升的机会，朋友便是其中之一。这本是一件令人欢欣鼓舞的大好事，谁想却遭到她老公和公婆的一致反对：“家里大大小小这么多事情，你怎么能丢下一堆烂摊子出去半个多月呢！”

朋友用近乎哀求的语气和老公商量：“我自从怀孕生子以来，为了这个家牺牲了这么多，现在孩子上幼儿园了，父母身体也都不错，我只是出去学习20天，这对以后的工作极为有利，怎么就不行呢？”

老公一听立刻火冒三丈：“这些不都是你应该做的吗？谈什么牺牲！所有女人不都是这样？怎么就你矫情，还这么自私，总想着对自己有利？就不想想你走了家里谁来管，晚饭谁来做，孩子睡觉谁来哄！”听到这里，能明显感觉到朋友在诉苦时，那颗一直在颤抖，甚至在滴血的心。

我特别理解她的苦衷，她本是一个事业心很强又颇具才华的女人，但自从怀孕后，因为孕期出现了多种问题，每天都在惊恐和焦虑中度过。为了不给经常出差在外的丈夫增添心理负担，让他能够安心工作，朋友一直报喜不报忧，很多次都是自己打车去医院做产检。孩子出生后，她每天在家和工作这两点一线间忙碌着。为了这个家，她错过了一次次别人求之不得的海外进修机会，本以为这些牺牲和付出丈夫能够看在眼里，记在心里，但这一句“都是你应该做的”让她彻底心寒到了极点。

大部分男人潜意识里都有这样的观念：老婆就是应该做家务、生孩子、伺候爸妈、伺候丈夫……太多的“就是”和“应该”，让男人失去了对自己妻子应有的尊重，把两个人的婚姻过成了一个人的理所当然。妻子在默默地付出，而男人心安理得享受的同时却不懂得感恩为何物，这样的失衡迟早会颠覆婚姻的根基。

记得有一个男人在接受采访时表示：“我非常感谢我的老婆，她在嫁给我之前，没吃过我家一粒大米，嫁给我之后，冒着生命危险生孩子，全心全意照顾这个家。每天下班回家，我看到家里收拾得一尘不染，桌上摆放着可口的饭菜，真的感觉自己很幸福。哪怕我对老婆再好，也比不上她为我付出的这么多。”

如此朴素的表达，无论哪个女人听了，都会深深为之动容。如果天下的男人都能像这位男士一般想事情，夫妻间将会呈现出一片安乐祥和的美景，也就不会再有那么多彪悍的深闺怨妇和越来越庞大的恐嫁一族。当然，人性是相通的。丈夫对妻子多说“谢谢”，前提是他也同样感受到妻子对他的谢意。

How to Change Your Wife in 30 Days

改 | 变 | 秘 | 诀

结婚后，夫妻间的关系并不是单方面的要求和给予，而是要各尽所能，各得其所，才能让两个人的关系得以长久和睦地维系。同时，男人对妻子的付出要学会投桃报李，用自己的行动和言语表达对爱人的感激之情。“谢谢你”三个字，看似简单，实则满足了人性最根本的需求，是化解夫妻冲突、营造和谐婚姻的钥匙，具有神奇的魔力，甚至堪称挽救婚姻的金科玉律，并且屡试不爽。

第 18 天：女人的成功是男人的骄傲

改变焦点：

目标：功成名就的妻子

原因：世界正在进入“她时代”，女强人越来越多

焦虑：面对女人的成功，男人深感在家中的权威地位被取代

歧途：丈夫一心为自己立威，与妻子作对

真相：最大限度整合自身现有资源，可收获多赢成果

按照过去的传统，婚姻中往往都是男主外女主内，这样的平衡维持了数千年。但随着社会和经济的发展，随着女人地位的日益提升，曾经的“男强女弱”逐渐演变成“女人撑起半边天”，进而又被“女强男弱”所取代。然而，女人的成功却难免或多或少地打破了家庭平衡，甚至还会因男人的过激反应而影响婚姻家庭的稳定。

美国健康日网站的一项最新研究显示，如今世界正在进入“她时代”，女强人越来越多。但与此同时，在妻子“主外”的家庭中，丈夫们也不甘平庸，花心、出轨的情况日渐增多。

这样的情形在我国也同样存在，受传统观念的影响，男人是家庭的顶梁柱，有养家糊口的责任和义务，这已被奉为应该遵循的持家之道。但因为女性的不断崛起，现在几乎站在和男性同样的高度，甚至比男性更为出色，这让有些男人丢失了引以为荣的优越感，觉得颜面和尊严尽失，挫败感和负能量爆增，甚至会产生自卑心理。

01 女强男弱让男人没有存在感

在婚姻里，事业上的女强男弱仿佛是被幸福下了魔咒一般，一心想要白首不相离却总是举步维艰，终难实现。一般来说，男人事业有成，女人往往会由衷地为之自豪，然而在面对自己女人事业上所取得的成就时，却很少有男人能够全心全意地与其分享这一喜悦，很多男人首先想到的就是自己的面子与尊严。

当女人无论在经济还是在社会地位等方面，都远远超越了自己的半边天，甚至盖过了丈夫的那片天，进入女强男弱的婚姻模式，有些男人的心理就会发生微妙的变化，尤其在听到外人的流言蜚语后，更会激发自己心中的不平与怒火，很多不理智的行为也即将喷薄而出。而妻子也没有及时觉察到丈夫的变化，或已经习惯将在工作上的雷霆作风运用到家中，在这种剑拔弩张的情况下，两个人的矛盾势必不可避免地彻底爆发，最终走向婚姻的绝境。

02 女人的成功是男人的骄傲

现代女性有着不输男人的勇气与魄力，她们在生活和工作中的各个领域尽显风采。无论是政界、商界，还是文艺界、体育界，都有着女人们英姿飒爽的身影。聪明的男人不会想尽办法为自己立威，与妻子作对，而会调整好心态，一如既往地对待自己心爱的女人。同时懂得欣赏她这种意气风发的独特魅力，也会为她的成功感到骄傲，并与她分享这份收获与喜悦。

言彬从小学习成绩优秀，是典型的“别人家的孩子”，学霸模式一路挺进，畅通无阻地读完博士，堪称天之骄子。妻子艳晴是一个开了外挂的女强人，法律硕士，通过国家司法考试，担任律师事务所合伙人，经常空中飞人般频繁出差。言彬在一所高校担任教师，平时有课就去上课，没课时就在家中做居家贤夫，专职研究美食和带孩子。

有一天，言彬的妈妈大驾光临，到儿子家里做客，她所期待的是儿子幸福美满的生活，可看到的却是一个身兼多职，在保姆、厨师、丈夫、爸爸中不断切换身份的家庭“煮夫”。

优秀的儿子系着围裙，在厨房里忙前忙后，一边陪她说话，一边收拾小孙子散落在地上的玩具，还见缝插针地把家人换下的衣服塞到洗衣机里，从她进门的那一刻起，儿子就没停下来休息过。

妈妈见到宝贝儿子做起家务动作麻利、有条不紊，坐在沙发上伤心地痛哭流涕，并指责儿媳妇不顾家，态度坚决地要求她辞去工作，回家相夫教子。

言彬认真且耐心地告诉妈妈：“首先，这是我和妻子两个人经过深思熟虑，且相互认可的婚姻分工问题，老婆主外，我主内；老婆出差，我带孩子；老婆挣钱买别墅，我挣钱作家用，两个人分工明确，各尽其职。其次，这是婚姻中的统筹兼顾，老婆的超强能力和过人之处就是在工作中深耕细作，获取业绩，进而从根本上改变家庭经济状况；而我的优势是教育孩子，居家暖男，为家庭做好内部保障工作。最后，这是我们两个人的相爱认知，我爱老婆，愿意尽全力支持她拓展事业，等到艳晴以后不想再奔波时，我就会全身心地投入学术研究工作中。”

妈妈听着儿子的解释也是合情合理，但总是心有不甘。一个堂堂七尺男儿，无论从学识还是教育程度上都比儿媳更胜一筹，现在却要成为儿媳背后默默付出的男人，这让以儿子为荣的妈妈一时无法坦然接受这样“残酷”的现实。

十年后的今天，老婆艳晴依然是空中飞人，所在的律师事务所也发展成为中国十佳成长律所。言彬继续做着家庭贤夫，并在生活工作之余出版了几本学术著作，可谓各有所获。经过夫妻二人的精诚合作，他们在房价高得离谱的一线城市，除了拥有一栋环境优雅的别墅以外，还为了孩子上学方便购置了一处最佳学区的高级公寓。两个孩子，哥哥明显继承了爸爸的超强基因，妥妥的小学霸一枚，鬼马精灵的妹妹小小年纪就赢得了幼儿组架子鼓一等奖。他们夫妻二人也是恩爱如初，妇唱夫随，其乐融融。至于公公婆婆，看着能干的儿媳，可爱的孙子、孙女，以及实现了自我价值的儿子，从最初的一味指责变成了全力支持，这样和谐的家庭相处模式彻底改变了老中少三代人的命运。

不管是事业方面，还是原生家庭方面，抑或是性格方面，“女强男弱”的婚配模式在当今社会并不少见，但它绝不是幸福婚姻的绊脚石。就像文中睿智的言彬懂得欣赏妻子超强的能力，并对她的事业鼎力支持，主动承担起照顾家庭大后方的重担，最后取得了多赢成果。

而像言彬这样的夫妻则能够理性面对现实，将强者和弱者的优势都发挥到极致，两者完美互补，各尽其责，齐心协力，为家庭和睦增砖添瓦，并通过双方的共同努力为子女打下一片光明灿烂的前景。

实际上，男女从建立婚恋关系起，双方的博弈就始终存在，如同跷跷板一般，完全的平等与平衡状态很难维持，总有你强我弱或你弱我强的情况出现。但只要彼此理解包容，最大限度地整合自身现有资源，共同发展，携手前行，不仅可以将婚姻经营得风生水起，还能让其成为一场你情我愿的人间喜剧。

How to Change Your Wife in 30 Days

改丨变丨秘丨诀

当今社会，女人一改曾经夫唱妇随的传统家庭模式，和男人一样努力打拼，成就一番事业的大有人在。作为丈夫，在看到妻子取得辉煌战绩时，要摒弃大男子主义的偏见，以一颗平常心和欢喜心对待，要理解和体谅妻子的辛苦与不易，并为她那份冲破重重束缚的独立精神，以及不畏艰险的过人勇气，由衷地感到自豪和骄傲，因为在这份成功的背后也有男人的一份功劳。

花花世界，家是温馨港湾

第19天：糟糠之妻不可弃

改变焦点：

目标：让丈夫感到无法与他同频共振的妻子

原因：结发妻子已跟不上事业有成的丈夫在各方面的新需求

焦虑：丈夫的财产在一天天增加，那颗不甘寂寞的心也在一天天膨胀

歧途：危难之时有妻子陪伴，功成名就却变成新人在侧

真相：糟糠之妻不可弃，是权衡得失的一服苦口良药

俗话说，糟糠之妻不可弃。这个千百年来的古训能够流传至今，必然有其存在的道理。但婚姻和感情从来都具有不确定性，谁也不知道它的保质期有多长。也许只是转眼的瞬间，也许是长情的一世。最初嫁给爱情和“潜力股”的女人，最怕会面临一种难以预控的风险：男人有钱就变坏的魔咒。金钱的力量不可小觑，它既可以改善生活，也可以撬动一个人的灵魂，还可以改变一个男人的真心。

当男人因为自身的定力不足和外界的迷情诱惑，决绝地抛弃了糟糠之妻的那一刻，也就迈向了充满变数和难以掌控

花花世界，家是温馨港湾

我爱你！
我也爱你，只是我有妻子了。
我不在意，我愿意做你的情人，绝对不会影响你的家庭。
真的！走，带你去我刚装修好的新房看看！
我爱你！我不在意你有老婆，我愿意做你的情人。我只想知道，你是怎么想的，你喜欢我吗？
我爱我妻子，今生只会有她一个女人。
当男人因为自身的定力不足和外界的迷情诱惑，决绝地抛弃了糟糠之妻的那一刻，大概率会将婚姻推向万劫不复的深渊，自己也会引火烧身，悔不当初。
为什么你看不上我？我是真心爱你。你老婆已经人老珠黄了，不然，你出来应酬也不会带我不带她。
你喜欢的是现在的我，以前的我，你肯定看不上。我认识我妻子时，一穷二白，她家人反对我们在一起，但她对我不离不弃，跟着我吃了很多苦，是她改变了我，没有她，就没有我的今天。
男人只有懂得“糟糠之妻不可弃”才算得上是真正的好男人，他们经受住了诱惑的考验和婚姻的平淡，同时也坦然接受了妻子日渐老去的容颜，更懂得唯有相伴一生才是婚姻的真谛。

的羊肠小道，这其间到底是荆棘丛生，还是柳暗花明，谁也无法预知。但有一点可以确定，男人一旦做出抛弃糟糠之妻的举动，便会为自己的人品划下一道伤痕，就算愈合也会为世人所诟病。

01 名利双收却一别两宽

幸福的婚姻大致相同，不幸的婚姻各有不幸，而抛弃糟糠之妻的婚姻则是不幸指数最高的一类……

立新是当地远近闻名的企业家，但他深知自己的财富和地位得来不易。因此，在生活中一直克勤克俭，从不铺张浪费。可他对自己患难之妻的态度却没能保持初心，从前眼中的贤妻良母变成了如今的家庭悍妇，曾经的勤劳朴实变成了不解风情，创业的艰辛陪伴也变成了现在的碍手碍脚。自从立新的财产一天天增加，他那颗不甘寂寞的心也在一天天膨胀，他对妻子刘雨的感情日渐冷漠。

对于丈夫的种种表现和疏离，刘雨当然有所察觉，虽然心中有些许不快，但却执拗地认定两个人是患难之情，大风大浪都已度过，平淡的日子理应如此。的确，丈夫能有今天的成就，离不开刘雨掏心换肺的付出和全心全意的帮衬。在立新决定辞去公职自主创业时，全家只有她一人全力支持丈夫的决定；在他凑不齐启动资金时，是她低声下气向娘家借来钱帮他步入正轨；在公司资金周转出现危机时，还是她拿出了自己的陪嫁使公司渡过难关……现如今公司日益发展壮大，其间饱含着他俩的心血，这样稳固的感情基础怎么可能会出现裂痕呢？

但世间最善变的莫过于人心，立新对妻子的种种轻视与冷漠，都缘于另一个女人的鲜明对比，他以为自己可以金屋藏娇，神不知鬼不觉地过着新欢旧爱左右逢源的逍遥日子，却不想，自己的奸情被刘雨的闺蜜发现了。接下来的日子，便是无休止的战争，而后刘雨慢慢领悟到自己不过是丈夫的垫脚石，男人的心早已远离，她也是心力交瘁，不想再因为对方的过错而惩罚自己，只想尽快结束这一场噩梦。他们离婚了，立新很快娶了自己的“新欢”。

开始新生活的立新，焕发出第二春般的活力，“新欢”对他的照顾可谓全方位无死角，同时要钱的气魄也是一浪高过一浪。不到两年，立新的财产近一半都转到了“新欢”的名下，而两个人的婚姻也走到了尽头。

岁月终究是一把锋利无比的刀，青梅竹马也耗不过无情岁月，最初的那些唯美初心早已变得绵软无力。相识于微时却离别于经年，如花美眷终敌不过似水流年。待到尘归尘、土归土后，才发现最初令人厌烦的琐碎生活，方是心中最美最真的迷人景致。

02 相伴于富贵的贫贱夫妻

不知何时起，“糟糠之妻不下堂”这种至善至美的优秀品质，在有些家庭中已成为一种可望而不可即的“奢侈品”。在美女如云、帅哥遍地的娱乐圈，明星们的婚姻不乏曲折多变者，不少人并不能做到像普通老百姓一样适时结婚生子并能从一而终。而周华健则是其中的一个特例。他的妻子康粹兰是美国人，两个人结婚30余年，育有一子一女，如今家庭幸福美满。在这样平静美好的婚姻生活背后，有着一段浪漫动人且引人深思的爱情故事。

1960年出生的周华健已年近六十，但和十几年前相比，差别并不很大，反观他的妻子，已是白发苍苍，与他同框时不似夫妻，更像母子。有人说他老婆丑，他反驳道："她是一个伟大的女人，在我眼里她永远漂亮。如果你们知道这些年来她对我的付出，就不会有人指责她丑。"的确，他们相识于微时，相守于贫贱，还能相伴于富贵。相比娱乐圈其他分合不定的夫妻来说，他们的相濡以沫更显弥足珍贵。

正值青春年少的康粹兰是一个金发碧眼的美国姑娘，亭亭玉立、妩媚动人，拥有西班牙文学和艺术双学位，是当之无愧的"女神"。而那时的周华健，因为台湾心声唱片公司倒闭，首张专辑《最后圆舞曲》胎死腹中，一切努力付之东流。他贫困潦倒地回到了餐厅驻唱，在那段落魄时期，他邂逅了一生至爱康粹兰，一段绵延30余年的爱情故事就这样在歌声中萌芽。

那天，餐厅来了一群外国留学生，当周华健演唱时，留学生中的一位漂亮女孩不停为他欢呼鼓掌。当他唱完后，女孩还亲自走到他面前，热情而诚恳地对他说："你正在做一件伟大的事情！"周华健得到陌生女孩的鼓励，一时之间受宠若惊，也让他内心顿时充满了力量。

这只是浪漫的开端，第二天、第三天、第四天女孩每天都来捧场，每次都会抢到第一排的位置，这样的歌迷自然引起了周华健的关注。于是，第五天演出结束，为表达谢意他主动提出送康粹兰回家。路上，姑娘向他表白了。当得知康粹兰与自己是同年同月同日生，而且一样出生于香港，求学在台湾，周华健认定这是上天赐予的缘分。但一想到自己落魄的处境，一阵自卑涌上心头。他向康粹兰坦白，自己没读完大学就走上歌唱之路，事业发展得也不尽如人意，到底该何去何从，心里实在没底。

面对周华健的迟疑，康粹兰给出了最笃定的鼓励："我父亲也是一个搞艺术工作的人，当年他也为自己的选择感到不可思议，然而爸爸干这一行也干得风生水起，你也绝不能放弃自己喜爱的事业。"这句话给身陷黑暗的周华健点亮了继续前行的信心。

1986年他们举办了简陋的"婚礼"，周华健借钱买了一套西服，在地摊上给女友买了婚戒，没有一件像样家具的出租公寓就是他们的新房，请客吃饭的花销都是老板垫付的。身心不安又激动万分的周华健问新婚妻子："嫁给一个穷小子委屈吗？"康粹兰微笑着摇摇头。周华健紧紧搂住妻子，对她说："我一定会赚很多很多钱，让你过幸福的日子。"

婚后1个月，在美国长大的康粹兰毅然拿起了筷子，对丈夫说："亲爱的，我要和你吃同样的米饭。"周华健心里明白，因为西餐太贵，老婆这么做完全是为了省钱。康粹兰毕业后进到台湾一家大公司上班，周华健也进入了滚石唱片，但只是小小的制作助理，收入微薄，婚后的生活开支大多由妻子负担。

几年后，周华健的演艺事业渐渐有了起色。1990年儿子周厚安出生，周华健在平凡中感受到初为人父的幸福喜悦。第二年他的演艺事业全面爆发，专辑《让我欢喜让我忧》热销200万张，他也凭借此张专辑获得了台湾金曲奖最佳国语男歌手奖。之后又凭借《花心》《朋友》《真心英雄》《刀剑如梦》等作品一跃成为华语乐坛的天王。

随着他的工作越来越忙，和太太康粹兰聚少离多，流言蜚语也甚嚣尘上，妻子信任他，却终究敌不过外界肆意高涨的舆论声，原来的坚定和信任开始动摇，甚至连朋友们都常对她说：男人功成名就后很容易抛弃糟糠之妻！再加上“黑粉”经常打电话询问他们何时离婚，这让康粹兰患上了严重的抑郁症，精神濒临崩溃，她做出了令人意外的选择——离婚。妻子的痛苦和决绝终于让周华健意识到她原来承受了如此大的压力，同时也懂得了只靠金钱是无法维系婚姻的。他推掉了一切通告，回到妻子身边，陪着她度过了人生中最难熬的日子。从此，周华健将生活的重心从事业转回到家庭，曾经红得发紫的“歌神”，为了家庭，为了心爱的女人，在事业如日中天时淡出了歌坛。他所做的一切换来了妻子的重生与快乐，也让他们的婚姻有惊无险获得了新生。

2012年在周华健演唱会上，相濡以沫的太太康粹兰成为万众瞩目的神秘嘉宾，在千呼万唤中站到了舞台的正中心，周华健深情地对她表白：“这辈子，和你一起是我最大的幸福！”

30余年，两个人有困难，有磕绊，但最终守护住了彼此。从年轻时的一无所有到后来的功成名就，他们一起走过低谷，走进辉煌，再共同走出煎熬，走进静美，这样“不弃糟糠之妻”

的重情婚姻如山泉一般沁人心脾，发人深省。

在这份“初心”中，好男人经受住了诱惑的考验和婚姻的平淡，同时也坦然接受了妻子日渐老去的容颜，更懂得了唯有相伴一生才是婚姻的真谛。不忘初心，方得始终。

How to Change Your Wife in 30 Days

改丨变丨秘丨诀

前任也好，新欢也罢，生活本就不可能如我们想象般美好。婚姻关系出现不和谐因素也实属正常，它不是一个人造成的。但如果总想通过更换伴侣这种简单粗暴的方式来根治婚姻自带的一系列疑难杂症，最后的结果很可能是江河日下。而“糟糠之妻不可弃”这一警世箴言，绝不是耸人听闻的威胁恐吓，更不是凌驾于道德之上的横加指责，而是历经千年、多少人前赴后继权衡得失总结出的一服苦口良药。

第20天：不要让花心毁掉幸福

改变焦点：

目标：让丈夫感到审美疲劳的妻子

原因：花花世界诱惑难免，一些男人没有抵抗诱惑的定力

焦虑：丈夫的花心给女人平添了烦恼，给孩子带来了伤害

歧途：三心二意，拈花惹草

真相：几乎没有人不为自己的花心付出代价

人们常说，男人都是花心的，永远只爱18岁的姑娘。特别是一些结婚多年的男人，每天面对着一成不变的日子以及青春渐失的妻子，多少会产生审美疲劳，被外面的花花世界所吸引和诱惑。这些人表面上老婆情人两不误，实际上几乎没有人不为自己的花心付出代价。

男人的花心如果任其肆意发展，不加以自制和管控，必然会成为破坏家庭和谐的毒瘤。由于花心而引发的出轨让多少个家庭妻离子散，让原本充满欢声笑语的家庭变得死气沉沉。因为男人的花心，给女人平添了多少烦恼和忧愁，给孩子带来了多少伤害和痛苦。

01 因审美疲劳而渴望激情

男人之所以花心，最初的萌芽是由于审美疲劳，这也是现在很多夫妻无法避免的结局。它使欣赏和爱慕慢慢消失，亲密和激情渐渐消退，有时伴侣的审美疲劳比矛盾争执更为可怕，需要两个人特别关注和觉察对方的疲劳征兆，同时在自我修养、外在装扮、生活方式和互动习惯上不断做出调整和改进，才能保持一定的“新鲜度”。

审美疲劳本来是指我们对某些事物随着接触时间或次数增多，内心兴奋强度出现减弱现象，美感也逐渐消失，甚至感到厌烦或失去感觉。

恒宇和博川是无话不说的好哥们儿，一次酒后闲聊时，恒宇无奈地向博川说出了自己的心里话，人过中年的他越来越觉得自己的人生开始走下坡路，现在好像进入一个最为平庸的阶段：每天都要面对早已审美疲劳、毫无新鲜感的妻子，以及按部就班不再有任何挑战的工作。与博川的风流倜傥、时时有美人在侧相比，他觉得自己真的成了中年油腻男，没有激情，没有动力，没有追求。

在一次公司会议上，恒宇的老板把新助理介绍给大家，她是来自香港的魅力女孩珺瑶。珺瑶从小父母离异，对于感情的态度显得比其他同龄女孩更为成熟和现实。最初，恒宇和珺瑶并没有一见钟情，只是通过日常工作的接触比别人多了一分熟络和好感而已。这份好感一直延续到一次团队建设，大家玩了一整天，晚上又一起到酒吧唱歌，两个人因为白天团建时的互帮互助，再加上晚上唱歌时的暗生情愫，很快双双坠入爱河，成为情人。这段办公室恋情火速升温，爱火烧得人意想不到。

恒宇自从与珺瑶在一起后，顿时觉得自己的日子过得神采飞扬，熠熠生辉，并毫不避讳地把自己的新欢介绍给好友博川认识。就连风月场中的花心老手博川都难以置信，老朋友在这个年龄还能享到如此“艳福”。

恒宇的高调行事加快了事情的暴露，妻子很快知道了他婚内出轨。接下来便是女人歇斯底里地和他争吵不休，而恒宇也因为个人生活作风问题，影响了自己工作上的进一步升迁。

文中的恒宇对自己的妻子产生了审美疲劳，感到工作和生活同样的无趣且乏味，失去了目标和追求。当一个人的目标感越来越模糊的时候，便会尽可能地想去抓住些什么，在这种心态的驱使下，激情往往是证明自身存在价值的最方便途径。

在婚姻关系中，激情的确是人生的一部分，如果一个人缺乏生命的激情，则会对爱情和伴侣难以产生真挚的情感。但激情的存在也需要有健康、积极和宽容的土壤，否则，激情一旦走偏和决堤，就会造成不必要的伤害。像恒宇的妻子便被他泛滥的激情重伤，背负了无尽的痛苦和伤痕。

02 珍惜彼此的似水流年

有多少男人习惯了每天早上妻子从身边悄无声息地起床，

为家人准备好营养早餐？一切都变得让人习以为常，甚至会觉得理所当然。在男人眼中，妻子不再像第一次遇见时那么特别，也不再让他有小鹿乱撞般的悸动。这一切变化只因两个人了解得日渐透彻，已无须多言。在彼此眼中，对方宛如空气，经常视而不见，相处也许平淡无趣，也许缺乏激情，但却无法离开彼此。这就是真实而无味却又平和而静美的生活，在日复一日的似水流年中，看似平淡无奇，实则绚烂多姿。

有一个丈夫在外面有了情人，贤惠聪明的妻子得知后，虽然难过气愤，却没有大肆声张，也没有百般质问，而是低调蛰伏，以待时机。一天，她知道丈夫又在找借口准备去偷会情人，便偷偷在丈夫的鞋垫底下放了几粒小石子。丈夫到了情人那里，让情人帮他清理一下鞋里硌脚的东西，情人把头一扭，一脸嫌弃地说："太臭了，你自己的鞋自己清理，我又不是你的老妈子！"男人虽然嘴上没说什么，心里却很不是滋味，忽然想起了妻子十几年如一日对他的关心和照顾。这是他第一次在情人这里想起妻子的百般好。

丈夫回到家，告诉妻子鞋子硌脚，妻子二话没说，把鞋子仔仔细细地检查了一遍，倒出了小石子，又准备了一盆热水，让男人好好泡泡脚。丈夫看在眼里，心中生起无限愧疚之意，一把将妻子揽入怀中："亲爱的，以后我要加倍地对你好！"妻子心知肚明，仍未点破，莞尔一笑，充满了宽容，又满含着欣慰。

的确，情人和妻子有着本质区别，情人与你共享乐，妻子却与你共患难。在情人那里得到的满足不过是一时的激情而已，当激情退却，还能留下什么呢？而妻子，从恋爱到结婚，从激情到平淡，从爱情到亲情，一路走来，所有的感情已融入骨髓，形成习惯，就是这难能可贵的习惯，已经成为维系婚姻最重要的砝码。其实，生活本就不会一直保持激情澎湃，总会有波峰波谷，潮涨潮落。

How to Change Your Wife in 30 Days

改丨变丨秘丨诀

男人在打拼事业过程中不可避免会结识不少职业女性，她们有的精明干练，有的风姿绰约，有的优雅端庄，这让一些男人的“花心”有所触动。回到家，在面对妻子时自然而然会产生感官和外在的审美疲劳，进而渴望通过激情来填补心中的失落与空白。但激情过后，还能剩下什么呢？迎面而来的内心冲击是懊悔不已还是意犹未尽？男人应该懂得，不是所有的激情都有造化变成爱情，而再转化成相濡以沫的亲情的，更是少之又少。只有经过这大浪淘沙般筛选过后的情感，才是真正的爱。

第21天：拒绝红颜的暧昧

改变焦点：

目标：让丈夫感到乏味的妻子

原因：平静有序的婚姻生活满足不了一些男人追求新鲜刺激的心

焦虑：丈夫的心变得飘忽不定，婚姻也变得危机四伏

歧途：男人渴望在拥有贤妻的同时，还能拥有与自己心意相通的红颜知己

真相：甜蜜的暧昧看似美好，稍有放纵便有剧毒般的危险

暧昧是爱情即将来临前最朦胧又最浪漫的一个阶段，知道自己在对方心里已经慢慢因爱生根，满是期待的小幸福。那种令人心动的感觉和若即若离的朦胧感常常让人迷恋其中而无法自拔。不过有一种暧昧，带着同样的感觉，有着同样的心动，却不会收获同样的美好，这种暧昧就是隔着婚姻的暧昧。这样的暧昧从起心动念就充斥着背叛的味道，对于已步入婚姻，有了妻子和家庭的男人来说，这是一片禁区兼雷区，绝不能因为情难自控而有所沾染。

01 甜蜜的暧昧内含剧毒

很多男人的内心深处都渴望在拥有贤妻的同时，还能拥有一个与自己心意相通的红颜知己，在自己深感疲惫或遇到困难，但却不想向妻子倾诉时，能有一处精神上的避风港，可以向她袒露心声，这样的感情很纯洁又很暧昧，两个人的关系颇为特殊：她不是男人的普通朋友，也不是情人，但她会为男人付出自己的感情，会用心安抚男人的伤痛。这种感情被誉为一种游离于亲情、爱情、友情之外的“第四类感情”，它需要保持一种微妙的距离。这种距离不能近也不会远，两人就站在抬头就能看到，却不能随意跨越界限的位置。这是一道良知与道德的分割线，左摇右摆，却不能离开这道线。

这种交往的危险在于，只能让自己站在那条分割明确的线上并严格地把持，如果能够把持好，有可能会成为彼此人生中最好的朋友，但其难度之大让很多人都前赴后继地倒在沙滩上。一旦向前迈出了那一步，便会跨界为男女之情，所谓的红颜知己马上成为历史。

02 拨开暧昧的朦胧迷雾

只有对婚姻没有敬畏心的男人才会跟其他女人诋毁自己的婚姻，才会见一个爱一个，藐视自己的婚姻和妻子。这样的婚外暧昧，看似很美好，最后的结局都会远离幸福，除了伤害婚姻与家庭，也会让陷入这份感情的两个人承受更多的无奈与痛苦，偷走双方太多的幸福与欢乐，无异于饮鸩止渴。

那么，男人要怎样来消除那些让人欲罢不能的暧昧呢？答案很简单，全靠自己一颗自制的心。男女之间的暧昧大多是异性之间的相互吸引，不一定会产生爱情的萌芽，关键看你如何去把握，只要男人把家庭摆放在心中最重要的位置，懂得自律，立场坚定地拒绝外来的诱惑，和其他异性保持一定的距离，这种朦胧的感觉就会自然冷却、消失。

一天晚上，炜凯从行业系统联谊会回家的时候，脑子里一直闪现着一个青春靓丽的身影，越想忘记，印象反而越清晰。这是行业内部一年一度的联谊酒会，炜凯作为行业精英，经单位推荐参加，前面的总结和表彰环节结束后，进入最后的酒会沟通环节。跟业内人士寒暄过后，炜凯百无聊赖地端着酒杯坐到一个安静的角落，看着那些人推杯换盏，左右逢源，每个人都各怀心思，各有所图，对这样的功利场，炜凯明显有些厌倦。

忽然在他不远处，一个孤单的身影闯入他的眼帘。那是一个端庄美丽的姑娘，优雅从容地坐在同样安静的角落里，若有所思，偶尔端起酒杯小抿一口，然后继续旁若无人地坐着，和在聚光灯下的那些不断穿梭的身影形成鲜明的对比，像是身处不同世界的两种人。不知为什么，这个姑娘让炜凯心中产生了一丝异样的情感，他端着酒杯不由自主地走了过去，和女孩礼貌地打了一声招呼。

炜凯顺势坐在女孩对面，很自然地同她聊了起来。炜凯是一个已过而立之年的中年男人，有着不同于年轻男孩的沉稳与幽默，几句话下来便赢得了女孩的好感。女孩换下了刚才那副面若冰霜的冷傲面孔，脸上洋溢出亲切热情的笑意。炜凯明显感觉到一股强烈的暧昧在他们之间酝酿、萌芽。酒精向来是生发暧昧的催化剂，不久，两个人彬彬有礼的眼神逐渐变得有些肆无忌惮。面对这个气质优雅的女孩，这一刻炜凯几乎忘记了自己的妻子和儿子，他尽情地享受着炙热的眼神定格在彼此脸上的那份热烈，这是一张多么年轻而富有韵味的脸庞，他全然沦陷其间……

不知过了多久，动感的舞曲骤然响起，将炜凯从梦境拉回到现实，他意识到自己有些失态，想借口离开，但看到女孩那灵动多情的眼神，自己那颗被击中的心又陷入矛盾的抉择中。最后，他向女孩要了电话，表示会跟她保持联系，他希望能给自己和女孩留下一个独有的空间，并给出时间让自己做出无悔的选择。

在回家的路上，女孩的身影一直在脑海中萦绕，他和妻子结婚快7年了，有一个不到4岁的儿子，他不想放弃刚刚那份让他颇为心醉的暧昧，也不想辜负自己的妻儿，进而陷入两难的抉择中，其间还掺杂着一丝深深的歉意。

回到家，炜凯见到妻子后格外热情地给了她一个充满爱意的拥抱，妻子有些受宠若惊，她闻出了他身上的酒气，娇嗔地说道："看你，喝点酒就变得老不正经了！"

炜凯笑了笑，走进卧室去看他的宝贝儿子。妻子说："轻声点，儿子刚睡着，等了你一晚上，一直吵着要等你回来，你是不是跟他说晚上要给他带礼物？"

"是啊，这小子现在记性可真好！我给他带了今天联谊会上的纪念礼物。"说着，炜凯从包里拿出了一架精致的飞机模型。

"真漂亮！等他醒了看到一定特别开心。我给你煮了解酒的酸梅汤，你先喝了吧。”妻子一边说一边收拾着炜凯脱下来的衣服。

男人看着熟睡的儿子和忙碌的妻子，一股暖意流进心间，他感到万幸且庆幸，没有因一时的冲动做出让他后悔的举动，他拿出手机默默地将女孩的电话删除了。

How to Change Your Wife in 30 Days

改 | 变 | 秘 | 诀

如果你已经出现了暧昧的小苗头，或正处于暧昧的朦胧阶段，抑或自己的理智很清醒，一直在抵抗诱惑，但情感有时却不受理智所控，让自己身陷纠结和撕扯当中，那么，你需要接受的挑战是弄明白自己这样做的出发点是什么，或者你认为可以通过这种暗通款曲的关系得到什么，这个女人在哪方面能够填补你爱人的不足，满足你一直以来想要却不可得的诉求。以此入手，就可以得知在你的婚姻关系中究竟缺失什么，接下来针对这一问题，找一个合适的时机，与妻子进行沟通并尝试解决。这样做既可以经常对自己的婚姻做一个复盘和体检，还可以在发现不和谐因素时及时化解，更可以有效避免婚外暧昧的发生。

第22天：给爱人一次回家的机会

改变焦点：

目标：背叛丈夫的妻子

原因：长期的孤单寂寞和枯燥无味的生活

焦虑：丈夫“被出轨”，会认定这是一种耻辱，是对男性权威的挑衅

歧途：男人一心想着怎样以牙还牙，伺机报复

真相：如果彼此心中仍然有爱，不如给爱人一次回家的机会

无论是在聚光灯下的娱乐圈，还是在你我周围，男人发生婚外情的事件总是屡见不鲜，从而使“骂渣男”成为一项全民参与的新兴“娱乐”项目。然而现实情况却远非人们想象的那么单一而纯粹，女性出轨也不鲜见。

因此，出轨不再是男人的“私人订制”，尽管大多数女人面对感情相对于男人来说更为忠贞，但在婚后漫长岁月的无情侵袭下，爱情被日复一日地消磨殆尽，生活中剩下的唯有琐碎和麻木，她们会感到心烦意乱，不知所措。这时，如果在某个契机下遇到了婚外那个充满诱惑的他，进而意志被瓦解，底

线被冲破，两个人的婚姻该何去何从呢？

一般来说，男人和女人在面对“被出轨”这件事上，所持有的态度有着天壤之别，女人“被出轨”时是难过的、气愤的，她们会马上找闺蜜声泪俱下地吐槽一番，以寻求心理上的安慰，或者与同病相怜的朋友同仇敌忾地破口大骂。接下来，虽然觉得眼前的男人像“沾上屎的钞票”，不捡心疼，捡了让人恶心，但出于各种原因，选择继续过日子的仍占主流。

然而，男人“被出轨”时，由于男性尊严和占有欲的本能，除了气愤之外，最大的反应就是羞耻，“恼羞成怒”这一词在此刻最能准确且到位地描述出男人的状态，由气恼、羞耻化成愤怒！

另外，有一点不得不承认，大多数女人都是带着感情出轨，一旦动情，很难回头，所以女人出轨比男人出轨更具杀伤力和破坏力，家庭更容易解体。因此，男人在面对女人出轨时，大多会做出坚定而决绝的选择，但除了这一条快刀斩乱麻的不归路以外，还有一条需要大度和宽容铺就的道路，就是原谅。尤其是偶然性出轨，在发生背叛婚姻的行为之前，并不受主观意愿的驱使，一切都发生得猝不及防。在做出背叛婚姻和伴侣的行为后，自己也陷入深深的自责和反省中，并主动预防此类行为再次发生。如果妻子属于偶然性出轨而造成的“误伤”，且彼此心中仍然有爱，那么男人可以试着选择原谅，把心中的芥蒂消除，给爱人一次回家的机会，也给彼此留下一个重新来过的空间。

振超是一家全球500强企业的中高层干部，两年前作为重点培养对象被派往国外进修，如今马上就要回国了，一想到很快就能见到朝思暮想的妻子艺宁，他的激动之情就溢于言表。经常一遍又一遍地看着早就备好的礼物，恍惚间仿佛已看到妻子戴着他买的项链、耳环，穿着新款连衣裙一脸娇羞地望着他……每每想到这里，男人不禁归心似箭，恨不得立刻飞回到妻子身边。

得知丈夫要回国的消息，艺宁内心如五味杂陈一般，既高兴又难过。因为在老公出国以后，在一次和同事出差的过程中，也许是长时间的孤单寂寞，也许是月色之下的酒精助力，她和同事在一夜情中迷失了彼此。尽管男同事过后还找过她几次，希望能和她继续保持这样的情人关系，并保证不会破坏她的家庭，只是两颗孤单的心相互慰藉，有个依靠而已，但艺宁毅然决然地拒绝了。而她的内心却饱受煎熬，后悔与自责无时无刻不在吞噬折磨着她。

女人在心乱如麻、惴惴不安中迎来了学成归来的丈夫。振超像小孩子一般，兴奋地拿出他为妻子准备好的一件又一件精心挑选的礼物，他一边介绍每件礼物的来历，一边满眼爱意地看着艺宁，这动人幸福的一幕与他想象中的场景完全一致。女人尽全力地迎合着丈夫，表现出极大的热情，心中却是百感交集，无地自容。

经过几天的痛苦权衡，艺宁还是决定把自己悔不当初的一夜情如实地告诉丈夫，她宁肯冒着被扫地出门的风险，也不想每天都活在深深的自责和欺骗中。当振超听完妻子的“坦白交待”后，立刻雷霆震怒，举手就要给艺宁一个耳光，但高高扬起的手却停在了空中，慢慢地垂了下来，嘴角颤动着，斩钉截铁地说：“我是不会离婚成全你们这对狗男女的，像你这样的女人就不配得到爱！”说着振超重重地摔门而去。艺宁失魂落魄地站在阳台上，看着丈夫远去的背影，心痛得无法呼吸，她多希望刚才那一记没有落下来的耳光，能够狠狠地打在自己的脸上，像这样烙在心里更让她深感痛苦和愧疚。

接下来的日子，振超染上了酗酒的毛病，每天都很晚回家，回到家不顾妻子的感觉，强行与她过性生活。丈夫的粗暴深深地伤害了艺宁，但她并不怨他，这样的结果是她本该承受的。想想刚刚回国时那个意气风发的丈夫，再看看眼前这个颓废不堪的男人，艺宁心如刀绞，却无能为力。

振超是爱妻子的，他做不到和她一刀两断，可他又无法原谅她的出轨行为，本还深爱的两个人就这样陷在痛苦的沼泽中无力自拔，彼此折磨。一天晚上，振超又一个人来到酒吧，偶遇了前女友晓涵，好久不见，两个人聊得很是投机。聊天中得知晓涵因为丈夫出轨，刚刚离婚不久，所以才会一个人跑到酒吧来买醉。

望着昔日的旧情人竟然与自己同病相怜，振超生出几分怜惜之情，再想想背叛自己的妻子，一颗复仇的种子在他心里开始生根。那天，他们喝了很多酒，都没有回家，直接开了房。振超紧紧地抱着晓涵，断断续续地向她诉说着妻子背叛自己的事情，最后恶狠狠地说：“我也要让她尝一尝背叛的滋味。”说着，就开始亲吻晓涵。

刚才还温柔似水的晓涵，听到这一番话，一把推开了振超，有些落寞地说：“我以为你还爱着我，原来是把我当成报复你妻子的工具！这样的事情我绝不会做，你明明还爱着她，为什么不能给她一次改过的机会呢！”

“不！我不能接受她的不忠，她既然背叛了我，我也要以其人之道，还治其人之身！”说着，又扑向了晓涵。

“啪”的一声，晓涵重重地打了振超一记耳光，愤怒地说了两个字：“卑鄙！”整理好衣服，拎起包，走到门口时，晓涵犹豫了一下，转过身对振超说：“如果你还爱她，就给她一次回家的机会吧！”说完，头也不回地离开了宾馆。

晓涵的一记耳光、一句话，彻底点醒了振超，他退了房，如释重负地朝家的方向走去，他准备放下怨恨，和妻子好好谈一谈，重新开始他们的生活。

这样的故事闪现着真实生活的影子，更让我们体会到何为爱之深，恨之切。艺宁因为太过在乎振超，不想对他有所隐瞒，才会冒着净身出户的风险，将自己的一夜情全盘托出。面对妻子的背叛，丈夫本可离婚了事，但同样因为爱，他不忍这样做，可在心里却又无法迈过横在他们中间的这道坎，进而想到了报复，以求得心理上的平衡。值得庆幸的是，晓涵的出现点醒了混沌度日的振超，让他能够放弃以牙还牙的疯狂报复，重新审视他和妻子之间的关系，并最终回归到正常的生活轨迹当中。

事实上，我们每个人在一生中都会犯这样或那样的错误。对于夫妻而言，感情上的出轨和背叛的确让人无法接受和容忍，这种感觉就像在对方的心口上狠狠地捅上一刀，所带来的是非死即伤的痛苦。但这并不意味着，一旦爱情变得不再忠贞和唯一时，就只有分手这一条路可走。如果女人因为一时的鬼迷心窍，在不自觉间犯下了错误，但却能在大错铸就后产生深深的悔改之心，且两个人的感情尚存，男人不妨用自己宽大的心胸接纳女人的不完美，原谅她的暂时迷失，把彼此间的伤害降到最低，给她一次回头是岸的机会。

How to Change Your Wife in 30 Days

改 | 变 | 秘 | 诀

世上本就不存在完美无瑕的人与感情。我们每个人在婚姻中其实都像孩子一般，可能会犯错，也许会情不自禁，也许会一时糊涂。但如果她已经悔恨交加，迷途知返，男人不要过于执拗，也不必得理不饶人，更不要想着以牙还牙、伺机报复，这样极端的做法只能是雪上加霜，成为彻底压垮婚姻的最后一根稻草。要知道，对待女人最有力的武器就是包容，男人的大度和关爱很可能会挽回一段本不该走向破裂的婚姻。

第23天：把钱“藏”在女人心里

改变焦点：

目标：对丈夫藏私房钱感到深恶痛绝的妻子

原因：私自藏钱是对妻子的不信任

焦虑：女人认为男人有钱就变坏，进而彻底失去安全感

歧途：认为女人对私房钱的过度反应都是小心眼、小题大做

真相：把钱“藏”在女人心里，可以化危机为动机，同时增进夫妻感情

人们常说，男人的钱在哪里，心就在哪里。女人作为感性动物，最大的安全感之一就来自丈夫的钱能够归自己所管。当她发现丈夫背地里藏钱时，第一反应就是开启自己认定的胡思乱想模式。因为女人藏私房钱大多是为了给自己留一条后路，这才使她们对男人的私房钱也推此及彼地深恶痛绝。

丈夫藏私房钱虽然只是一件不起眼且极具普遍性的小事，但对于女人而言，却会在第一时间内产生一种不祥的预感，认为这一“不轨”行为已经为她敲响了婚姻出现裂痕的警钟，同时将其由点到面地提升到真爱和道德层面：第一，男人不再爱自己；第二，这是男人不信任自己的一种表现；第三，失去了对钱的掌控，也就失去了最具有保障性的安全感。

01 私房不等于私心

为了打消女人对男人藏私房钱有如谈虎色变的疑虑，男人不妨改变私房钱在女人心中根深蒂固的不良印象。聪明的男人在藏私房钱时，都是时刻以老婆的利益作为出发点。这样的基调一旦确定，就算日后“东窗事发”，在面对妻子咄咄逼人的询问时，也能够发自内心地应对。也许“私房钱事件”还会成为增进彼此感情的契机，让两个人能够更为客观地对待私房钱这片异常敏感且看似有毒的禁区，同时以平和的心态去认知对方平日不轻易裸露出的真实内在。之后，再用一个全新的视角去体谅和理解对方的一番良苦用心，使对方了解到“私房不等于私心”这一充满爱意的温暖动机。

曾有一段关于男人藏私房钱的视频——《私房不等于私心》走红网络，视频中讲述了三个分别处于热恋阶段、妻子怀孕、结婚26年的不同年龄阶段的男人各自藏私房钱的经历，引发了众多网友的热议和共鸣。

视频开头，男人们在面对这个相当于“深水炸弹”般的问题时，都显得有些小心翼翼，欲言又止，其中一个男人甚至将心中的顾虑宣之于口：“确定可以说吗？”在节目组人员的引导下，男人们放下了心中的包袱，“坦白交待”了有关藏私房钱的所有问题。而画面的另一端则是他们的女人拿着耳麦，全程“监听”着自己男人的“审讯”过程。这样的场景，让“吃瓜群众”都为这三个“无辜”的男人捏了一把汗，男人在不知道妻子在场的情况下，会不会说出彻底撕裂真心的话呢？节目在一问一答中进行，三个女人的情绪也跟随着男人的开诚布公而起伏不定……

在三组男女中，每个男人都藏了私房钱，年限从三四年到五六年不等，三个女人都不同程度地表现出不信任和愤懑之情，特别是妻子刚刚怀孕不久的那位丈夫，坦白地承认自己从结婚的第一天起就开始藏私房钱，真是太让准妈妈扎心了。私房钱的来源也是各显其能，有从牙缝里抠出来的，有共享汽车、共享单车的押金，还有打牌赢的小钱。藏钱的地点更是无所不包，有的藏在公司里，有的藏在天花板顶上，有的藏在过季衣服里，夏天放在冬天的衣服里，冬天则放在夏天的衣服里。

当我们还在为他们的藏钱时间和藏钱方法暗自感慨和稍显气愤时，节目组抛出了最为核心的问题，用私房钱准备，或已经做过什么？三个男人的藏钱理由让每位观众，特别是女性观众一扫之前的不解和阴霾，深深为之动容。

处于热恋中的男人坦白而真诚地表示，因为自己家是一个极为普通的家庭，有一年带女朋友回家，未来儿媳妇第一次登门，长辈肯定要给红包，男人为了减轻父母的压力，便自己拿出一部分填补。男人通过这次红包事件，认为藏私房钱还是很有必要的，以备不时之需。当女人听到男友的表述，刚刚对于藏私房钱还面露怒色的她，转而一脸感动，眼里噙着泪水，声音哽咽地说：“真没想到，那个红包是这么来的。”

另一位准爸爸是因为自己特别喜欢猫猫狗狗，但老婆不喜欢，便没办法养。小区里有很多流浪猫，他就定期用私房钱给它们购买猫粮，自己心情不好的时候，去撸一撸猫能有效地缓解压力。至于剩下的大部分私房钱，其实就是为了给老婆在逢年过节时发个红包，因为妻子要承受的压力也很大，所以他只想每天回到家，能够开开心心地陪着老婆就心满意足了。准妈妈听着丈夫在另一个房间说出的贴心话语，同样是热泪盈眶又满脸幸福地脱口而出“我爱你！”

第三位是已过银婚的中年大叔，他表示私房钱主要用于在过年、过节时买些妻子心仪已久的礼物，另外老婆特别喜欢吃榴梿，他也会用私房钱买。但因为藏钱地点过于暴露，在老婆帮他晾晒过季衣服时，便发现了这个“惊天秘密”，面对妻子的质问，男人则会敷衍地说一句“可能是放在里面忘记拿了”，用这样装傻充愣的说法蒙混过关，誓死不承认自己藏私房钱，更不会对老婆说出藏私房钱的用途。妻子在听到丈夫发自肺腑的表述后，摘下耳机，来到丈夫身边，此时的她已然泪流满面……

其他两个女人也都相继出现在自家男人面前，让男人们受到了不小的“惊吓”。那个第一次见家长收到大红包的女人开心地拉起了未来丈夫的手，满脸的幸福溢于言表；而那位准妈妈虽然嘴上嫌弃地说着“你说的都是些什么东西”，却在丈夫充满爱意的一吻后露出了欣慰而甜蜜的微笑。

私房钱从表面上看是割裂夫妻感情的破坏利器，但在深探其本后，就会发现藏在心灵深处的秘密。正如视频中所讲述的真实故事，当每个女人在了解到自家男人藏私房钱的真实用意后，无一不深受感动，两个人的感情也在“此时无声胜有声”的身体和眼神交流中向前迈进了一大步。作为观众，也仿佛身临其境般体会到他们这一灵魂交流的绝佳境界。

对于男人而言，私房钱有时是一种安全感的体现，它是属于男人的一点私密空间和小小的自由。在每月工资如数上缴后，男人依然要和朋友们出去应酬，要孝敬年迈的父母，要给平淡的生活增添惊喜，还要在社会上体面而有尊严地生活。在多重压力下，藏一些私房钱确实无可厚非。

女人对男人藏私房钱如临大敌一般，并不是反对那些正当名义的开支与花销，而是担心“男人有钱就变坏”。归根结底，女人在乎的不是男人是否藏钱，而是男人是否爱她的那颗心。

02 把钱“藏”在女人心里

人们常说生活需要调剂，那么私房钱就是夫妻生活中的调剂品之一。幸福的婚姻，并不是男人和女人之间的遥不可及且虚无缥缈的完美婚姻，而是彼此间能够在平淡无奇的生活中找到属于两个人的乐趣，以及最适合双方的婚姻经营之道。

一直很喜欢且推崇孙俪和邓超夫妇的相处模式，工作上兢兢业业，事业上彼此成就，生活上欢快恩爱，婚姻经营有道。有网友评价过孙俪的微博内容，一共分为四块：演戏、孩子、泡脚和邓超。每每提到邓超，并非直接“撒狗粮”、秀恩爱，而是智慧顽皮地取笑和恶搞。而邓超对于老婆的“花样打趣”，都甘之如饴地配合，在这一来一回中，既缩短了两人的心理距离，也为平淡的生活增添了一份难得的情趣。

即使邓超对俪娘娘言听计从，倍加宠爱，居然也会背着娘娘藏私房钱，看来私房钱对于男人来说绝非洪水猛兽，而是一场极易被传染，却又能增强自身免疫系统的流行性感冒。在一次访谈节目中，邓超开启“学霸”模式，现场传授藏私房钱的独门秘诀，“家里藏私房钱的，不要以为藏在鞋底下、鞋垫里就是安全的，真正安全的地方应该是藏在太太的兜里”。对于邓超这种“邓式”藏钱法，观众们纷纷感慨，娘娘的家教真不是浪得虚名！

我们暂且不论这样的段子是否有演艺成分在里面，但它却透露出一个生活的真谛，男人的私房钱最安全的藏身之地就是女人的“心里”，让女人感到既踏实又幸福。只要生活和谐圆满又富有情趣，女人何必要计较私房钱的存在，男人又何必纠结将私房钱藏在何处呢？夫妻间只要拥有信任这块基石，婚姻就会稳固如初。

在谈到男人要不要藏私房钱时，楚萍的反应与其他女人截然不同，没有即刻进入吐槽阶段，而是一脸幸福喜悦地分享着她对私房钱的另类看法。

开始，楚萍对于老公藏私房钱这件事并不知晓，因为从两人结婚那天起，丈夫就将财政大权全权上交到楚萍手中。但逢年过节和各种纪念日，老公总能换着花样给她送上自己倾心已久的礼物，这让楚萍感到两个人虽然结婚多年，却依然如同恋爱般幸福。只是有一件事令她心有不安，每个月给老公的零花钱非常有限，还要省吃减用地攒钱给自己买礼物，心里着实过意不去。

今年情人节楚萍收到了一款让她欣喜若狂的皇冠形钻戒，这是她“种草”已久的款式，一直舍不得买，丈夫居然为她连根拔起了这颗疯狂生长的“草”。在兴奋之余，楚萍忽然发现一个致命的问题，这份大礼距离上份春节礼物刚刚过去不足一个月，老公的零花钱根本不足以支付这些礼物的价格，她马上醒悟到，丈夫一定藏了私房钱。

楚萍开始了不露声色的破案工作，只要老公出差在外，她便开始翻箱倒柜找私房钱，橱柜、鞋盒、暖气片，甚至电影中经常揭秘的藏钱绝地——马桶的水箱都找了一遍，完全不见钱的踪影。正当她准备放弃时，出现了与前文提到的视频中不谋而合的一幕。有一天，她在晾晒反季衣服时，在自己的衣服兜里发现了老公的秘密。

原来，丈夫的私房钱是随着季节变化而不断移动的，冬天藏在老婆夏天的衣服里，夏天藏在老婆冬天的衣服里，在钱上还附加了一张字条，上面写着：老婆礼物专用款。楚萍看到这张充满爱意的字条后，心中的疑虑一扫而光，脸上绽放出幸福甜蜜的笑容。

女人一般在发现男人藏私房钱时，心里都会产生不安情绪，甚至会大发脾气，男人不要因此而认为女人都是小心眼，总是小题大做，其实究其根本都是缘于对丈夫的爱。当一个女人爱一个男人时，就会全身心地投入，想和他同风雨共患难，希望双方坦诚相待，容不得半点不忠和欺骗。

女人一旦发现男人在自己眼皮底下偷藏私房钱，就会有被欺骗的感觉，还会将这一问题升级到夫妻感情信任的层级，进而会出现婚姻危机。女人普遍认为男人藏私房钱藏的不是钱，而是心，是信任，是感情。而在幸福的婚姻里，具有智慧的男人完全可以将此类危机轻松转化为促进感情的动机，采取别样的藏钱方法，把钱深藏进老婆的“心里”，便可以迅速化解对方的信任危机，还增添了生活情趣，使两个人彼此信任，相互扶持，用全心的爱浇灌出更为长久浪漫的爱情故事。

How to Change Your Wife in 30 Days

改 | 变 | 秘 | 诀

信誓旦旦地表示从不藏钱的男人，其实还不够了解女人，女人的关注点不是在有没有藏私房钱上，而是在于能否得到男人的爱和信任上。女人的思维方式偏于感性，在希望自己是丈夫的唯一的同时，更希望自己能够全身心地拥有这个男人，她所看重的不仅是对丈夫身体上的占有，还包括心灵和精神上的占有。当她发现男人的私房钱大多是用于讨自己的欢心，以及对这个家庭的付出时，相信每个女人都会改变以往对藏私房钱的极端看法和消极认知。

第 24 天：用仪式感表达爱意

改变焦点：

目标：看重仪式感的妻子

原因：仪式感对于女人来说，代表着丈夫的爱与暖、情与心

焦虑：生活中缺少惊喜与甜蜜，把日子过成了一潭死水

歧途：都老夫老妻了，不需要那些虚头巴脑的仪式感

真相：仪式感是男人婚后向妻子传达情感最为直接而有效的通道

当热恋中的男女带着对未来的美好憧憬走进婚姻殿堂之后，男人就需要对纪念日和仪式感有一个深入且透彻的领悟，因为这是婚后向妻子传达情感最为直接而有效的通道。在情感方面，男人很可能永远也达不到女人所希望的那种理想状态，但丈夫却可以通过一些具有特殊意义的日子来进行弥补，为它们赋予不同寻常的仪式感，比如，结婚纪念日、妻子的生日等，这些都是女人极为关注的日子和节点。

01 仪式感是一门艺术

对于女人来说，婚后日复一日的平凡生活很容易把曾经的浓情蜜意渐渐磨平，“柴米油盐娃”更是让日子变得琐碎而无趣。在静如死水的生活里，女人需要通过仪式感来确认丈夫对她的爱，也需要通过仪式感来强化内心的安全感。它会让婚姻成为真正的婚姻，而不仅仅是简单的过日子。正如心理学家所说：“正常的身心需要一定的仪式感。”

那么，该如何庆祝纪念日才能让妻子心满意足呢？仪式感属于纯艺术领域的产物，它需要走心的设计而不仅仅是财大气粗的“买买买”。经常看到新闻报道，某某大款为了庆祝结婚纪念日，一掷千金地送给妻子多少克拉的“鸽子蛋”或者一辆名贵跑车作为礼物。除了砸钱庆祝纪念日以体现仪式感以外，还有另一种平民化的庆祝方式，比如一个男人在那一天，从百忙之中抽出半天时间，和妻子一起去恋爱时经常会去的公园漫步，享受短暂的二人世界，一起回忆过往的甜蜜，分享此刻的爱意，并告诉妻子她对他是多么重要。在路上，男人看到一块造型独特的鹅卵石，把它偷偷捡起来带回家，并在上面画一幅小画，或写一首小诗，把它送给妻子作为纪念日礼物。这两种方式哪种更能打动人心呢？

男人肯定会认为，对妻子而言，当然越贵重的礼物越能代表其心意。但这只是男人一厢情愿的看法。在女人的眼中，不管是“鸽子蛋”，还是小跑车，很有可能会变成完全不走心的套路，因为以他的经济实力，买这些身外之物，分分钟便可以搞定。而那颗不起眼的石头也许会成为爱的记忆。

这就是仪式感给人留下的难以磨灭的记忆，当我们的生活被平淡所吞没，慢慢磨掉了原有的光芒，它就是在这一片冷清之中提醒你们爱情仍在发光发热的那束光，也是给平淡生活增加“热情”“新鲜”“惊喜”和“甜蜜”的调味品。

02 仪式感是爱的传达

我经常会听到身边年长的男子在热火朝天的情人节时不经意间说：“都老夫老妻了，还过什么情人节。”而有些男人甚至连结婚纪念日都会忘记。这背后，如果轻描淡写地说就是“懒”，懒得庆祝，懒得花心思让老婆高兴，甚至懒得夸奖对方；如果郑重其事地说就是缺乏“爱与尊重”，不愿意再表达爱意，不尊重妻子的感受，于是日子便过成了一潭死水。

其实，男人的这种想法归根结底还是不懂女人的心。女人所看重的并不是纪念日的礼物，或是诱人的大红包，她在意的只是男人那一份心意罢了。每一个特殊的日子都是在考验男人对女人的用心程度与在乎程度。

我有一位几十年的老同学，她和她老公每年的结婚纪念日都会引发朋友圈的一次“地震”，真可谓，年年那天“撒狗粮”，岁岁“狗粮”均不同，让我们这些中年妇女看得只有羡慕没有恨。

今年的纪念日更是别出心裁，从精美礼物转到了真情互动。她老公是一个才华横溢的工程师，平时喜欢中国传统文化，很好地将专业的理性和爱好的感性完美结合。他在结婚纪念日前几天，就花时间写好了象征他们一年感情经历的四首小诗，在纪念日当天把它们分别贴在装有四个不同种类的礼品福袋上。游戏从卧室开始，有提示表明在哪里可以找到下一个。朋友按图索骥找到了全部的福袋。除了原创的感人小诗以外，还有他亲手制作的四份小礼物，分别用妻子这一年的照片做成，有参加马拉松比赛的现场照片，有登顶雪山顶峰的纪念留影，还有参加行业论坛发言时的演讲照片，以及他为妻子画的肖像。那份爱满满地溢出了礼物，充满了心间。

到了晚上，她丈夫预订了老同学最爱吃的西餐，餐厅位于一酒店的六十余层，放眼望去就把北京一片绚丽夜景尽收眼底。餐厅有一流小提琴演奏者的表演，服务员为他们照了合影，并把照片装在刻有“谢谢你”字样的相框里。他们在轻松浪漫的氛围中度过了又一个结婚纪念日。

同学的老公为我们揭示了一个很重要的真理：购买礼物的费用永远比不上在礼物上所花费的心思。女人天生会为有独特印迹的象征性礼物而感动，尤其是礼物充满着男人的爱与珍惜。她能够从中深刻地感受到男人对她的爱意，她明白这些是发自内心的真情流露，而不是靠他人提醒或强迫而得来的“炫资”。

这样的仪式感就像是一剂强心针，为我们枯燥乏味的生活注入了一丝浪漫与活力，为我们日渐乏力的婚姻增添了一些激情与感动。它也像是一瓶保鲜剂，让我们陷于平淡生活的心灵重新体悟到爱的感受，让我们失去神采的眼神再次闪过恋爱时的悸动。

How to Change Your Wife in 30 Days

改|变|秘|诀

法国童话《小王子》里有这样一句话："仪式感，就是使某一天与其他日子不同，使某一时刻与其他时刻不同。"既然不同，就要重视，就要用心，就要义无反顾地执行。从婚姻角度来看，仪式感其实就是男人对女人的爱与尊重。正所谓，这个世界，就是你自己的世界，你对世界的态度决定了你会拥有怎样的世界。同理，一份感情，也是你自己的感情，你对待这份感情的态度也决定了你会拥有怎样的感情。面对自己的爱人，不妨认真一点，庄重一点，走心一点。一旦两个人之间多了仪式感作为装点，就会发现，无论是婚姻还是生活，都会展露出它们最美好的样子，而你爱的那个女人，也会更加爱你。

负阴抱阳，让爱激情绽放

第25天：探知女人的性意愿

改变焦点：

目标：与丈夫性生活难以同步的妻子

原因：夫妻对于性爱重要性的忽视

焦虑：丈夫无论如何卖力表现，也难以让妻子体会到快感

歧途：误认为女人不会为激情四射的性爱主动出击

真相：女人认为性是情感沟通的重要方式，不愿为性而性

夫妻是家庭关系中最为核心的组成部分，夫妻生活是否和谐是婚姻家庭生活幸福与否的关键，其中性生活是必不可少的因素之一。但很多夫妻在婚后对性爱由痴迷眷恋，逐渐变成例行公事，面对性生活的乐趣、质量和次数的不断下降，往往熟视无睹，不以为然，任其消极发展下去。殊不知，长此以往，不仅会严重影响夫妻间的“性福”，还有可能会导致婚姻的衰亡与解体。

据权威调查显示，失败的婚姻有很大比例是性爱失调所致。性爱的重要性、艺术性和神圣性常常会遭到无意的轻视和随意的讽刺。

“性福”到底离我们有多远，在现实生活中形势不容乐观。据调查，很多已婚女性在性生活中从未感受到过性高潮的快感，造成这一悲哀现实的，既有夫妻双方的沟通问题，也有性知识的普及问题，有相当多的夫妻不知道如何让女方获得快感，不得不令人扼腕叹息。

在性爱方面，男人不妨主动从细节入手，对这个隐蔽却又重要的问题应多加注意并予以改变。

01 女人认为性是情感沟通的重要方式

性是女人与伴侣心灵的交融，性与爱的相互结合是最理想的爱情方式。一个情感世界成熟的女人，能够将爱与性紧密地糅合在一起，真正达到性与情互相满足的高度一致。女人寻找的爱情，不仅仅是寻找性的对象，更是心灵的呼唤与情感的理解。在爱人面前，性是神圣的语言，袒露肉体绝不仅仅是生理行为的揭幕，更是情感投射的象征。炽烈的贴近也不单单是性欲的驱动，更是心灵的融合。女人大多都是信奉“因爱而性”的感情，相对于“因性而爱”的感情，它更容易稳定和长久。在爱情基础上发展出的性关系将会加深彼此的爱意，并使关系更为稳固。

在女人心中，生命中的所有都是一个有机的整体，而性也是这个整体中不可单独存在的一部分。如果女人在日常生活中无法感受到来自丈夫的爱意，那么她也无法在与他的性爱中感受到爱意，进而更无法感受到性爱的快感。对于大多数女人来说，白天与丈夫良好愉悦的互动和交流常常是晚上性爱的前奏，两者有着明显的前因后果关系。而男人却可以将白天与晚上清晰地割裂开来，每件事都可以单独地就事论事，这就是为什么有的男人前脚刚和妻子吵完架，后脚就可以跑过来跟妻子求欢的原因了。这与人品和德行无关，只是因性别不同造就的思维方式不同而已。

对于女人来说，接受并享受爱人对自己身体的亲近，把自己全部交付给对方，这是一种女人向男人表达爱意最亲密的方式，也是最深刻的情感沟通方式。

02 女人不是为高潮而性爱

不少女人并不是因为期盼性高潮才想要性爱，很多时候她们只是为了迎合爱人，或想和爱人有亲密的身体接触而已。对于追求直接快感的男人来说，女人的这种心理让人捉摸不透，也许还会产生些许的小失落，毕竟男人为此付出了大量的体力，希望能取悦女性，这也是正常的善意想法。

但事实的确如此，女人的性高潮并不似男人那样来得爽快而直接，除了与技巧、体位、心情和环境有关，还需要男人的配合和同步，而女人也要付出极大的注意力和能量才能够达到。所以，有时候女人会放弃对高潮的追求，仅仅享受与爱人亲密接触的满足感，甚至是为了满足爱人而全程配合。

有一期网络专访主题为“性高潮”，专访对象为各位妈妈们。

这个话题原本谈的是房事，最后却都殊途同归变成了“感情事”，我们不妨来看一看妈妈们对性高潮的真实心声。

第一位，安妮，27岁，结婚3年，孩子1岁8个月，1周2次性生活，偶尔有高潮

第一次给了老公，初尝禁果后，几乎每天都做，有时候一天好几次。婚后，1周2次，孕期没做。最近宝宝断奶了，逐渐恢复了性生活。但对做爱这件事，我们却产生了极大分歧，老公不太理解我为什么不想做，但我真心不想，每天带孩子、上班实在太累了！即使答应了他，心里也希望快点结束战斗。

第二位，高女士，31岁，结婚6年，孩子2岁，两人的性生活次数数不清，有高潮，但不是每次都有

我和老公的性生活非常和谐，虽然不是每次都有高潮，但每次都会很满足。宝宝出生以后，都会有所忌讳，动作不能太大，声音不能太响。虽然平常时不时会吵架，但每次做完以后心情都会好很多，一天感觉都飘飘然的。因为在家里顾忌太多，还尝试过出去开房，我们都很享受这种偶尔丢下孩子，跑出来约会的日子。

可以看出，专访的主题是关于房事，但妈妈们谈到最后都成为情感交流，很自然地说出和老公的感情生活。平平淡淡居于主流，琴瑟和谐实属难得。

大部分女人不会因为老公的性能力不足就表现出嫌弃之意，反而当老公有生理需要时，她们即使不想，也会尽量配合，还为了鼓励和取悦男人而假装高潮。尽管很多女人没有高潮，但她们对于这种可遇不可求的生理快感并没有什么执念，她们更在乎的是与丈夫的亲密接触。

How to Change Your Wife in 30 Days

改 | 变 | 秘 | 诀

男人要读懂女人对性的理解。她们认为性是爱的载体，是一条通道，能够使两个人通过体验美好而摆脱孤独感，能使夫妻二人在真诚“付出”的同时享受“得到”，她们所追求的是与深爱的人建立最深层次的连接，在乎的是精神上的灵魂沟通。这样的“癖好”主要是因为女人天生富于想象力，一句话就能让她们浮想联翩，所以男人对女人除了日常的关心以外，还可以通过甜言蜜语来唤醒女人心理上和身体中沉睡的诱惑力，让她们能够彻底地绽放自己。

第26天：拥抱比性更被女人需要

改变焦点：

目标：沉迷丈夫拥抱的妻子

原因：拥抱能给女人带来幸福感、安全感和被守护感

焦虑：女人与生俱来缺乏安全感

歧途：认为妻子享受拥抱，就是想共赴巫山的暗示

真相：拥抱是爱人之间最主流、最受欢迎的示爱方式

很多女人都有抱着东西睡觉的习惯，对此很多男人都表示不可理解，为什么睡觉还要抱个东西呢？那样不是更累吗？其实，这是女人缺乏安全感最直接的一种表现。女人似乎天生缺乏安全感，尤其是在爱情和婚姻里。有时候，缺乏安全感是来自内心深处的一种不易觉察的忐忑，连自己都不自知。但总会有一些行为表现，比如，相对于男人很热衷的性爱，女人反而会觉得拥抱让她感到更有爱。

01 拥抱让女人感受到男人的守护

影视剧中经常会出现很多“套路”性的桥段：当一个女人

负阴抱阳，让爱激情绽放

咱们回卧室吧……
男人像是丈二和尚摸不着头脑，甚至对妻子刚才那满面桃花的沉醉表情产生了怀疑。其实，这种看似“断片”的非常规举动，都是源自于女人对“拥抱”的一种特殊“嗜好”。
你真是没劲透了！我就想让你这样抱着我！
就这样一直抱着我好吗？真的觉得既安心又幸福！
女人在被男人拥抱时，体内会释放出一种“后叶催产素”，这种催产素可以让女人感到舒适和幸福。同时，拥抱时所发生的皮肤接触会激活一种名为“环层小体”的压力感受器，让两个人都感受到平静和安宁。
好啊，只要你愿意，我的肩膀就是你的枕头。

深感黯然神伤或孤苦无依时，如果身边恰好有一个普通的男性朋友，她就会无助地说："抱抱我好吗？"这一句"抱抱我"或"抱紧我"，其实就是女人从内心深处传达出来的脆弱感，以及她们从骨子里渗透出对安全感的需求和迷恋。

在现实生活中，即使是身经百战的"女汉子"，也会有一种渴望被守护的愿望，只有这样她才能够有机会卸下平日里的伪装与面具，袒露最真实的本我。就算是平日自己可以像搬水工一样一口气扛一桶矿泉水爬上顶楼的"真汉子"，在自己喜欢的男人面前也会自动调节成"小女人"状态，显露出羞涩可人的一面，让他帮自己拧开矿泉水的瓶盖。其实，每个女人心里都有着"小女人"情结，只是因形势所迫，没有机会表露，或没有人把这一情愫激活而已。

曾经有一项关于情侣最钟情的示爱方式的网络调查，其中拥抱、亲吻和性爱位列前三。其中有12230位网友选择"拥抱"示爱的方式，占比高达20.2%；紧随其后的是11455位网友选择"亲吻"，占比为18.9%；排名第三的是10742位网友选择"性爱"，所占比例为17.7%。以上三个选项再加上排名第四的"抚摸"，肢体接触类的示爱方式牢牢占据排行榜的半壁江山。以此可以证明在情侣之间，肢体接触的示爱方式是最主流的方式，而拥抱更是高居榜首，很多女人直言不讳地表达出对于拥抱的热衷：

"被男人宽大的胸怀围住，感觉很有安全感，就像是在一个避风的港湾中一般，有一种被守护的感觉。”

“在拥抱时能真切感受到对方身上的温暖，还有对方的心跳，因此会变得很安心、很幸福！”

“在被紧紧拥抱时，就可以感觉到我是被男友珍视着的，有一种被深爱着的真切感受。”

“因为很温暖，而且在对方的怀抱里觉得很舒服，另外就是很有安全感。”

“我还是喜欢拥抱，因为再没有什么可以更加真切地感受到这种温暖而又纯粹的爱情了。在被对方拥抱时，我可以感到他是真的很在乎我，想要更长久地守护在我身边。而那种黏黏糊糊如胶似漆的接吻和性爱，我反倒不喜欢，没有拥抱那么纯粹和温暖。”

“双方身体亲密接触时，可以感到对方对自己的情意也像随着身体而传过来了一样。”

女人在被男人拥抱的时候，体内会释放出一种“后叶催产素”，而这种催产素可以让女人感到舒适和幸福。拥抱时所发生的皮肤接触会激活一种名为“环层小体”的压力感受器，让我们感到平静而安宁。

男人在紧紧拥抱女人的那一刻，会张开整个胸怀，而胸怀是人最柔软的一部分，女人往往会感到一种无法言明的安心感、幸福感和被守护感，还容易在心理上产生一种女人所喜欢的归属感。

02 拥抱是一种令人愉悦的隐晦的性

在两性的亲密关系中，肢体接触是培养亲密感最重要的方式之一。有科学家指出，亲密伴侣之间的肢体接触会随着关系发展而逐步增加，在婚姻的初期到达峰值，然后缓慢下降，不断调整以适应彼此的习惯。评价一段健康的长期关系，真正的指标并不是你的伴侣触碰你的次数，而是他回应你触碰的次数。

而拥抱是没有任何副作用的一种肢体接触，它可以满足男女之间最原始触动下的“肌肤渴望”。因为皮肤是一切知觉官能的基础，它具有丰富的神经末梢，男女间任何方面的接触，都不及抚摸、拥抱更为广泛和尽情，它一旦被激发，其情绪的陪衬极为浓厚。因此，在一切感觉之中，皮肤的触觉最缺乏理智而又最富有情绪，极易让对方产生回应。对于女性来说更是如此，尤其是背部。脊椎附近汇集了控制全身的多种神经，在被男人拥抱时，背部的轻抚和按压能够让人产生宁静和被接纳的安全感。

当一个女人感受到自己正在被所爱的男人拥抱在怀里，并且只是单纯的拥抱时，她会更加确信自己正在被男人所爱。在感受男人对女人的这种爱与尊重时，更能坚定和提升她对爱的信心。

当然也不是所有女人都只喜欢单纯的拥抱，因为当伴侣们深情相拥时，很多女人能够嗅到男人身上散发出的独特气息，这种气息会让她产生一种轻微的眩晕感，那是最好的催情剂。同时，因为身体零距离的亲密碰触，女人的乳房会被男人强壮的身体挤压，这个过程也是极其愉悦的，在某些情况下也非常适合作为一次完美性爱的前奏。

同样的拥抱之所以会出现截然不同的反馈，是因为每个人的感受大相径庭，需求也各不相同。但毋庸置疑的是，温暖的拥抱会给女人以安全、温馨和满足的感觉，且这样的感觉会体现得淋漓尽致，因为拥抱具有包容性和全面性，令人无限感怀。

How to Change Your Wife in 30 Days

改 | 变 | 秘 | 诀

在爱情和婚姻里，拥抱不仅仅是一种爱的表达形式，更代表着女人对男人的爱和依赖。两个人的肢体接触可以使彼此的感情持续升温，拥抱就是拉近双方距离、增进感情的最好方式之一。因为女人总是缺乏安全感，所以她们对拥抱会情有独钟，尤其是那种紧紧相拥的深度拥抱更是令人乐此不疲。既然这样，不妨在生活中多多与你所爱的女人拥抱，让她通过你的拥抱感受到你对她的宠爱与关心，给她足够的安全感，安抚她内心深处的脆弱感，有时一个看似简单的拥抱却能收到出其不意的喜人效果。

第27天：带女人走出性冷淡

改变焦点：

目标：性冷淡的妻子

原因：主要缘于各种心理因素

焦虑：女人对性生活没有要求和欲望，缺乏主观兴趣和愿望

歧途：了解性冷淡的心理根源后，用言语刺激她

真相：性冷淡没有持久性和不可逆转性，可以改变并治愈

在婚姻生活中，保持夫妻间性生活和谐是维系两个人亲密关系最为重要的环节和力量。但随着婚后双方日渐熟络，生活琐事不断增多，之后怀孕、生子、抚养下一代等，一连串的夹板一个又一个套在夫妻双方身上，特别是大部分女人要肩负抚养孩子和上班养家的双重重担，对性的兴趣和关注度会呈断崖式下降，有一些女性会因此出现“性冷淡”症状，随之便会导致夫妻双方的性生活出现危机。

01 性冷淡主要缘于心理原因

性冷淡是常见的一种性功能障碍，又被称为性欲缺乏或性欲低下，多以女性为主。主要表现为对性生活没有要求和欲望，缺乏主观兴趣和愿望，表现冷漠，或在性生活中感到焦虑、不适或疼痛。还有一些人虽然不回避性生活，但在整个过程中缺乏快感和满足感，从未体验过性高潮，这都是性生活不和谐的表现。

29岁的辰潇在一次读书沙龙活动中结识了25岁的晓薇，她身材高挑、长发披肩、皮肤白皙、气质出众，正是很多男人心目中理想妻子的模样，辰潇对她一见倾心，随后展开了疯狂的追求。功夫不负有心人，经过半年多的交往，他通过了女人的层层筛选和考验，终于求婚成功。辰潇在听到“我愿意”这三个字时喜不自禁，忍不住一把将晓薇揽在怀中，低下头想要深情一吻，晓薇却强烈反抗，使劲挣脱了辰潇的怀抱，并希望结婚后再发生肌肤之亲。这让辰潇更加珍惜眼前这个近乎完美的纯洁女人。

结婚后，晓薇的表现却让辰潇一筹莫展，正常在婚前“禁欲”的情况下，婚后应该如干柴烈火一般享受翻云覆雨之乐。但已经从女朋友晋升为合法妻子的晓薇对辰潇的性爱要求依然推三阻四，不情不愿，结婚半年，两个人在一起过夫妻生活不过5次，一个月都不到一次，而且每次都是在男人的强烈要求之下才勉强完成。任凭他如何引导，晓薇就是提不起任何“性趣”，表情异常痛苦。

刚开始，辰潇以为她是害羞，不好意思，便加倍地对她好，软言细语，陪她一起看稍带些“色调”的电影，只为能激发起她的“性趣”，但依然不见任何好转。记得刚结婚那段时间，辰潇天天盼着早点下班回家，早点上床睡觉，能够享受闺房之趣；而现在他害怕下班，害怕回家，更害怕上床。因为一回家，看到晓薇就想到她每次都以各种理由推辞自己的求欢，实在推脱不过去，便如一具木偶一般没有任何生机。辰潇感觉自己如同一块已经烧红了的铁块，被从头到脚泼了一盆冷水，全身冒着烟，备受煎熬，他渐渐失去了再想要的欲望。辰潇意识到，自己费尽心思娶了一个性冷淡的妻子……

像晓薇的这种情况属于典型的性冷淡，主要缘于隐藏在心底不愿向他人言说的心理原因。但辰潇也大可不必伤心绝望，因为性冷淡全可以慢慢改变甚至治愈。在有所行动之前，首先要了解是什么原因造成女人的性冷淡。其实，女人性冷淡的成因相当复杂，最常见的有以下几点：

第一，缺乏正确的性知识，对性生活心存恐惧，害怕性生活会产生疼痛，或者不懂男女性心理差别。初尝禁果时男方动作粗鲁急躁，而女方却从未体验到美好和快感，相反还感到不适或疼痛，认为性就是这样痛苦无趣。久而久之，就会对性生活日益冷漠，甚至产生反感。

第二，不合理的性观念教育。由于从小教育不当，受成人行为、宗教熏陶等因素影响，形成对性生活的偏见，认为性生活是肮脏下流、淫荡不洁、不道德的行为，是一种罪恶，是“男人快乐，女人遭罪”，从而对性生活产生害怕、反感和厌恶的情绪。

第三，未成年时遭遇过性创伤，比如强奸、猥亵等，即使没有造成实质性的身体伤害，也容易给女性的身心带来巨大的压力，留下难以磨灭的阴影；或在侵害事件发生后，年幼的女孩没有得到及时有效的疏导与呵护，认为自己不再纯洁美好，从而感到自卑和自责。带着这样的创伤心理，很容易造成成年后对性生活的排斥和拒绝。

第四，对怀孕的担忧和恐惧，加之性知识匮乏，不懂得可靠的避孕措施，所以在性生活时由于各种隐忧而不能全情投入，且无法获得很好的体验，抑制了正常的性满足，进而逐渐对性生活失去兴趣，引发性冷淡。

第五，夫妻感情不和睦，没有信任感，互相猜疑，对自己的伴侣不满意，毫无爱意，无法全身心地投入到性生活中去，即使勉强投入也很难在性生活中感受到幸福与乐趣，慢慢就会对性生活退避三舍。

事实上，除了以上心理因素，还会存在生理上的疾病，需要到医院确认医治。另外，女性的性欲原本就很容易被打乱和破坏，也许会因为一件小事生气而拒绝男人进一步亲热的请求。更不要说像怀孕生子、照顾年幼的孩子、更年期等特殊时期，都会对女人的“性趣”产生强大的负面影响。

02 帮助女人提高“性趣”

性冷淡不是长期而不可逆转的，需要心理和生理的双重耐心呵护，同时还要有持之以恒的爱心，这是一场艰苦卓绝的战斗，既要调节双方的心态，又要保持感情的温度。男人要循循善诱地引导女人梳理自己跟性相关的记忆，直到找到她的心理根源，并让她愿意完全对你敞开心扉。如果她能够说出性冷淡的成因，意味着成功了一半。在追溯到她性冷淡的心理根源以后，要以同情和理解的态度对待女人，千万不能用鄙视、嫌弃的言语刺激她，否则会导致情况的加重。同时，还要以宽广的胸怀和有力的双臂来遮挡和驱除笼罩在她心头的阴影，让她感到信任和依赖，这样就会逐渐产生性的要求和欲望。

扫除心理障碍后，男人可以按部就班地提高妻子的“性趣”，慢慢让妻子感受到性爱无法言说的美好。而对于提高妻子“性趣”，我们给男人最好的建议是一定要提前做好计划。

对于男人来说，前戏是性爱前3分钟要做的事情。而对于女人来说，前戏是性爱前24小时发生的事情。这样天壤之别的时间差看似有些夸张，但确实一语道出了男女完全不同的心理和生理感受。为了契合女人的感受，帮助妻子走出性冷淡的荒漠，男人应该适时修改一下心目中“前戏”的定义。因为对于男人而言，前戏是挑起欲望的“开胃菜”，而对于女人而言，它才是享受“大餐”的真正时刻。女人眼中的前戏不仅仅局限于床上，能否与丈夫享尽鱼水之欢，需要24小时不打烊的前戏铺垫。特别是面对性冷淡的妻子更是不能操之过急，要把握好“床以外的日常”，从生活的点滴入手，让她感受到男人对她全方位的关心与呵护，使她慢慢放下心理包袱，忘记曾经的不快经历或记忆，开启一个全新的状态。否则，过于急于求成反而会弄巧成拙，使她更加不感“性趣”。

男人们需要用心去观察、体会自己女人的喜好和特点，只有知己知彼才能百战不殆。先把心中的“前戏”内容重新定义，进而一步步带领女人走出“性冷淡”，重新享受温情的云雨之乐。

除此之外，还要人为地增加性爱时光。在婚姻里，规律性的性爱是维系夫妻感情的上佳方式，能够让人们从琐碎的日常生活中暂时地抽离出来，享受轻松的二人世界。因此，即使再忙再累，性爱这件事也不能忽略，尤其是本身就性冷淡的妻子，更需要男人无微不至的关爱以及细致入微的安排，才能逐渐摆脱性冷淡的束缚。

两个人每周可以约定专用和备用时间作为性爱专属时光，如果专用时间不能成行，就选择备用时间补上。到了约定时间，两个人提前忙完工作和生活中的琐事，可以选择晚上安顿好孩子以后的时间段，暂时清空内心的繁杂，一起享受难得的性爱时光。

也许有些人觉得约定时间太过刻意和程序化，缺少了激情和惊喜。但生活就是这样，如果你不用心去做精心安排，那么只好任由自己像裹挟在河中的泥沙一般任意翻滚，毫无自主之力，更无法自由凌驾于河水之上，去思考和选择自己想要的生活和想去的方向。如果能够不落设计的俗套，顺其自然、水到渠成自然是再好不过的了，只是婚后琐事层出不穷，想要这般顺遂心意却又绝非易事。既然这样，设计好去执行，虽然少了些新意和期待，却好过束手无策，先将妻子丢失已久的温情重新找回，再慢慢脱离性冷淡的无情折磨，也是一件值得期待的幸福之事。

How to Change Your Wife in 30 Days

改丨变丨秘丨诀

发现妻子性冷淡后，丈夫不能怀疑、咒骂，否则会使情况更为严重。男人应该耐心细致地关心引导，让她能够感受到丈夫浓浓的理解和爱意，同时多做爱抚动作，不要强求，还要避免采取妻子厌恶的性姿势和行为。如果经过上述努力，妻子的情况仍然得不到改善，就要陪她到医院做检查，排除生理上的疾病。其实，性冷淡不是一种永久性和持续性的症状，只要丈夫能够持之以恒地从生理和心理上体贴、关爱、呵护妻子，就极有可能带她走出性冷淡的困扰，重新踏上充满激情又浪漫缠绵的性爱之旅。

第28天：远离网络性爱

改变焦点：

目标：因丈夫沉溺于网络性爱而痛苦不堪的妻子

原因：通过网络寻求刺激，排遣现实生活中的压力和苦闷

焦虑：妻子认为这是背叛和精神出轨，代表丈夫已经不再爱她

歧途：丈夫一厢情愿地认为这只是一种消遣，不会影响感情和婚姻

真相：网络性爱是夫妻感情的无形杀手

多年前，一部科幻电影中提到了网络性爱的细节。男女两性无须实质性的身体接触，只要通过传感器，就能完成从性爱到生育的全过程。曾经遥不可及的科幻故事，现如今已经部分变成了现实，这样的情节通过网络渗透到各个阶层的不同人群之中，从最初的网恋逐渐发展到网络性爱。

我们可以在网络中结识新的朋友，但同时有为数不少的人在交友的过程中因为过于投入，从而对对方产生了情感和精神上的寄托，进而在心理上出现了微妙的变化，我们称这一行为为“网恋”。

当这种恋情升级到一定的程度时，他们不通过实际身体接触的方式，而借助于社交网站或网络通信工具扮演一定的角色，发送露骨销魂的信息，说着肆意放纵的语言，或夹杂着惹火撩人的图片给他们所谓的“配偶”，投入模拟的互动式性过程。而这种“性行为”并不是实际意义上的做爱，他们所涉及的是：单纯的网上性幻想，相互用文字进行调情，以及边通过声音交流边进行自慰等。而承载这一切的载体就是网络，网络为他们提供了充分的想象空间，创造出所谓完美的性爱对象和性爱过程。

01 网络性爱侵蚀夫妻关系

这种看似纯属个人隐私的行为却远没有看起来那般美好。美国婚姻律师协会一项关于离婚原因的调查显示，美国有20%的夫妻离婚和社交网站有关，最常见的是伴侣一方和其他异性在社交网站肆意谈论性话题，或者进行虚拟性接触。国内这样的案例也有，一些男人通过网络获得性爱的兴奋和满足，但一旦沉溺于网络性爱，不仅会破坏夫妻的情感和性爱关系，还会造成婚姻危机。

天羽和丈夫结婚7年，有一对健康可爱的龙凤胎，在外人眼中他们感情稳定，家庭幸福。可是最近半年多，她发现丈夫对她不再有任何亲密举动，而且对于她的暗示也表现得极为冷淡，或者干脆找借口敷衍了事。丈夫还会经常在夜深人静时独自在书房上网到很晚，即使家人已经睡下了，他依然泡在书房，一般都会到深夜一两点，有时就直接睡在书房。天羽开始认为丈夫是在加班加点查询资料，或为了放松一下打打游戏。于是，她比以往对他更加关心备至。可丈夫非但不领情，反而对她产生了逆反心理，这让女人很痛苦，总想找机会和丈夫好好谈一谈，但一说到这些敏感话题，男人便极力回避，或者直接躲到书房不再出来。

那天是他们结婚7周年纪念日，晚上天羽精心地打扮了一番，看起来妩媚动人，香艳无比，在她的极力表现下，丈夫终于满足了她一次。可是在这个过程中男人却恍惚间叫出了另一个女人的名字，这让天羽如受晴空霹雳一般，她实在没有勇气继续想下去。

半夜时分，丈夫以为妻子已经熟睡，又偷偷起来去了书房。天羽因为刚才不愉快的性爱睡得很浅，听到动静便醒了，她也蹑手蹑脚地来到书房，在门外听听丈夫到底在干些什么。开始只听到了敲键盘打字的声音，过了几分钟，就没有任何声音了。她小心翼翼地推开了一点儿门缝，眼前的一幕让她尴尬得只想找个地缝钻进去。丈夫竟然在网络上和一个女人激情视频。她被这突如其来、肮脏不堪的一幕彻底打败了，万万没有想到，自己深爱且信任的老公竟然和网络情人裸聊，她觉得自己的婚姻已经走到尽头了，这是老公送给她结婚7周年纪念日的一份令她蒙羞的“大礼”。

通过网络偷情算不算外遇呢？想必对于很多人而言，这都是一个既新奇又敏感的话题。词典中对“外遇”一词是这样解释的：丈夫或妻子在外面的不正当的男女关系。看来如果要把虚拟网络中的偷情和现实生活的外遇挂钩，主要得看这一行为正当与否。

大多数女人对另一半沉迷于网络性爱有两种极端的情绪反应，一种是像天羽一样认为这就是背叛，是精神出轨，代表着丈夫对她已经失去了兴趣，不再爱她。因此，她们会如同对待传统外遇一般感到愤怒和绝望。另一种则认为这并没有什么，他就闲得无聊，玩玩而已，甚至认为这只是一种不良嗜好，并没有和其他异性发生实质性的性关系，而选择忽略不计和满不在乎。

但事实上，我们并不能因为网络性爱不具备“真刀真枪”的条件，就可以对已婚人士的网络偷情网开一面。男人沉溺于网络性爱并不是一个人的问题，长久以往，必然会侵蚀夫妻关系，很有可能还会导致婚姻的破裂。

02 网络性爱成为婚姻杀手

现如今，网络正在以令人难以置信的速度和方式改变甚至颠覆着人们的正常生活和娱乐方式，而有关性的话题更是成为网络上点击率颇高的一大热点。据美国一家大型网站的在线统计，大约有10%的25—35岁年轻白领曾有过视频性爱的经历，并且不同程度地影响了他们现实中的人际交往和家庭生活。

网络性爱会产生类似网瘾的状态。沉溺时间越长，陷入这个泥潭就会越深，脑子里会时时刻刻、不受控制地闪现出网络激情的画面，会让自己的精神日趋萎靡不振，进而还会把所有空闲时间和心思都花在上面。就像文中天羽的丈夫忽略现实婚姻中的妻子，不但不履行做丈夫的义务，还对妻子的主动示好置之不理。两个人的关系变得越来越疏离，最后终于纸包不住火，丑事败露，感情也随之走向破裂的边缘。

按照人的正常情感发展轨迹，已经深陷于网络性爱的男人大多数情况都会不甘于维持现状，往往会进一步演变成现实生活中的外遇，跨越那条出轨红线。一夜情、婚外情就这样发生了，到那时再想回头，就棘手了。

男人陷入网络性爱，究其原因，最初是为了通过网络寻求刺激，排遣现实生活中的压力、无趣和苦闷。其他原因还包括夫妻关系疏离而导致内心的孤单、被拒绝或压抑的性需求。极少有人想借网络性爱寻找爱情或伴侣。沉溺于此的男人通常会认为自己只是发泄心中的烦闷，不会影响到婚姻关系，或者自我安慰地认为“这样做总要好过于到外面找外遇，既省时省力，又安全便利，只是一种消遣游戏而已”。他们在网络世界可以满足自己内心深处的性幻想和性迷恋，可以扮演充满人格魅力、热情浪漫、温柔多金的成功人士形象，虽然可能与现实世界的真实相去甚远，但却可以最大限度满足自己一时的虚荣心。

事实上，网络性爱完全是一种逃避现实的行为，它会产生极为消极的影响，会因逃避现实而增加极度焦虑、紧张或其他不良的情绪。一旦不知不觉陷入网络性爱的陷阱里，你可能会从此沉溺其中而不能自拔，整天会被性幻想充斥着大脑，甚至跟现实中的伴侣做爱后，还要偷着通过网络性爱才能得以满足，就像文中天羽的丈夫那般。这种强迫倾向或逐渐成瘾对我们正常的工作和私生活的负面影响不容忽视，它会在各个方面干扰一个人的正常生活、学习、娱乐及人际关系，时常会让他们出现坐卧不安、烦躁痛苦、失眠多梦等情况，进而还会对身体造成不同程度的伤害。

How to Change Your Wife in 30 Days

改 | 变 | 秘 | 诀

男人的网络性爱行为毫无疑问是夫妻关系的可怕杀手，不仅侵蚀和破坏夫妻的情感与正常性生活，还会给自己的身体和心灵带来双重创伤。因此，男人一定要对这个问题予以高度的重视，在发现自己有网络性爱的苗头时要及时扑灭，不能因为寻求刺激和激情就放任自己的言行，甚至心存侥幸，认为这是一种时髦，只是玩玩不会影响夫妻感情，进而对其听之任之，等到事情发展到无法挽回的地步，只能追悔莫及，徒留一地鸡毛。

第29天：变成她最棒的男人

改变焦点：

目标：对性生活沮丧的妻子

原因：丈夫前戏、后戏做得不尽如人意

焦虑：女人的世界神秘莫测，让人迷失其间

歧途：前戏是蜻蜓点水，高潮是匆匆而过，后戏是戛然而止

真相：依靠男人的耐心和爱心，融化女人僵硬的身体和心灵

女人是复杂的，而且每个女人各有不同，就像一本厚厚的书，有些外表精装，内容却空洞乏味；有些装帧简约，内容却引人入胜；也有些外表与内在相辅相成，同样精美或同样乏味。但各花入各眼，是非只在人心，正像桃花，喜爱者称为宜家宜室，不爱者弃之逐水飘零。女人正因为各不相同，才更显其独特迷人之处。

而在性爱这件事上，有些女人喜欢缓缓温柔、循序渐进的风格，而有些女人则喜欢激烈快速、豪情万丈的风格。在生命的不同阶段，大多数女人的要求都不会一成不变，而会随着年龄的变化而有所不同。甚至这种需求在不同的时间、不同的环境、不同的心情，以及不同的生理周期都会发生变化。有一小部分女人会开诚布公地告诉男人她想要什么，而大部分女人则是充分展现女人心海底针的特质，要让男人如猜谜一般去猜猜猜。

01 前戏温柔如豪猪

前戏需要温柔大家都可以理解，但为什么会用浑身是刺的豪猪作为参照对象呢？享誉世界的两性关系专家约翰·戈特曼在《爱的沟通》一书中介绍了这一比喻的缘起，以及带给他的灵感和启示。那时他在印第安纳大学做助理教授时，著名性学家马斯特斯和约翰逊刚刚发表了他们关于人类性反应方面的突破性研究。戈特曼是在20世纪50年代长大的，一直到1972年，他都还不太习惯直接和他人谈论性。在马斯特斯和约翰逊发表他们的研究之后，有许多伴侣到实验室找戈特曼，请求他帮助他们解决性生活中的问题，戈特曼试图用专业的态度对待这件事，可是当他讲到“阴茎”或者“阴道”时，就会变成“性口吃”，磕磕巴巴，尽失专业风范。毫无疑问，在他那个年代，这些词语不是人们自然而然就能够说出来的。就如同我们现在，人们还是不会将这些隐私词语在大庭广众之下公开宣说。

但幸运的是，印第安纳大学有世界闻名的性别和生殖研究所，他的同事为他举办了一场性问题研讨会，专门解决他一谈性就口吃的问题。在研讨会上，戈特曼看了大到狮子、大象、老虎，小到老鼠、狗等十余种动物性交的录像，并仔细观察它们的性交过程，这些动物大部分性行为都非常快。它们看上去完全不享受性行为，性交的过程也并不浪漫，直到他看到豪猪的性交。

你可以想象，两只豪猪要性交会多么痛苦，它们浑身长满像剃刀一样锋利的刺。雄性豪猪呈现出一种非常有意思的尴尬状态，你恐怕会对此感同身受。雄性豪猪一有兴趣，就想立刻与雌性豪猪性交。但是，如果它此时立即骑上雌性豪猪，而雌性豪猪的刺还立着，那么它就会受伤。所以它必须耐心坐在雌性豪猪面前，把爪子放在雌性豪猪的脸上，温柔缓慢地、一遍又一遍地抚摸它。这时雌性豪猪就会闭上眼睛。雄性豪猪需要继续耐心地抚摸它。过了一会儿，雄性豪猪就会走到它身后，观察它的刺是否还直立着。如果雌性豪猪的刺还没有软下来，那么它就要继续转到前面，并持续抚摸的动作。只有雌性豪猪的刺完全软下来，才意味着它准备好了性交。直到此时，豪猪才可以开始没有伤害的性爱。

看到这里，我们不禁要感叹，雄性豪猪简直太聪明了。如果要想成为卧室里的好男人，就要模仿雄性豪猪的行为。温柔地抚摸对方，直到对方完全准备好。这样双方既不会受伤，又能在愉悦的氛围下开始进入主题。豪猪的性交过程正是多了前戏——耐心的抚摸过程，才显得温情而浪漫。

调查显示，70%的男女会采用间接的方式向伴侣提出性爱要求。他们通过相互抚摸、依偎、亲吻等方式发出性爱邀请。

前戏阶段一定要小心翼翼、温情脉脉地像在做实验一般，试探对方是否已经准备好，以便开始进行下一步动作。只有当伴侣感到亲密、舒适和放松以后，才可以更加开放、直接地进入实质性阶段，这不但是彼此间爱意的表达，更能够为亲密关系的稳定发展增添助力。

02 透过眼神看到“性福”

众所周知，当一个人心无旁骛地注视着心爱之人时会感到心情愉悦，瞳孔会随之放大，眼神也会突然闪现出以往不曾有的光芒与通透，显得更加动人心弦，这也是相爱的伴侣之间喜欢深情凝视的原因。

美国性学家研究发现，有三成以上被调查者认为眼睛是传达性感的最重要器官，他们认为“饱含信息的一瞥”是最为直接的性表达方式，而此后才是舔嘴唇、用手指轻碰嘴唇等在电影中被用滥的肢体语言。可见，无论是性爱邀请还是性爱过程，一个“迷离的异样眼神”会如神来之笔一般，为两个人的性爱之旅彻底点燃爱的火焰。

在享受鱼水之欢时，用眼神进行毫不掩饰的交流沟通，除了可以表达出浓的化不开的爱意，还可以互相感知彼此之间的亲密关系，并且会加强伴侣头脑中那条与自己相关的“愉悦”神经链，让两人都能感受到“你是我的唯一”，从身体到精神上真正做到水乳交融。

志远和妻子结婚多年，性生活一直不和谐。他们两个人性格都较为羞涩内向，过性生活时不仅要关灯，连眼睛也羞于睁开，每次都是在一片黑暗中摸索进行，连窗帘也会拉得严严实实，生怕一丝月光闯进，让他们感到不适。有时不小心看到对方的身体，也会马上闭上眼睛或把头刻意扭向一边。整个性爱过程中的前戏是蜻蜓点水，高潮是匆匆而过，后戏是戛然而止，完全失去了性爱的美感和乐趣，对此两个人都深感沮丧。

后来，夫妻间终于在一个"天时地利人和"的撩人夜晚，敞开心扉说出了彼此的困惑和想法，他们尝试着更为大胆地去享受性爱，并开始睁开眼睛，两个人的感觉都比以前有了本质性的改变。妻子说，她不再有敷衍的感觉，虽然还是会有羞涩之感，但在眼神交流中，却感受到了彼此的爱，也更能全神贯注。

眼睛是亲密和美妙性爱的关键，当四目相对时，两个人之间就产生了黏合剂，相互深情凝视会让人心动不已。而闭着眼睛，其实就是拒绝接受对方亲密接触的表现。睁开眼睛并不是单纯地看着彼此的身体，而是保持彼此视线的接触，让伴侣能够透过自己的眼睛直击自己的心灵深处。

能够在性爱时刻依旧保持注视的夫妻少之又少，很多人都觉得那种情形有些不可思议，既害羞又不自然。此外还有一些女人，每当男人提出要求开灯，或试图吻开她紧闭的双眼，就会显得焦躁不安，认为只有闭上眼睛才能感受到罗曼蒂克的氛围，并能集中精力体味性的美妙。

事实上，在性爱中闭着眼睛是将伴侣隔绝在自己的世界之外，只注重自我感觉，而不是把自己的愉悦感和伴侣相互关联起来。虽然是个人喜好，无可厚非，但长此以往，夫妻间的兴趣就会为此有所消减，也白白丢失了感知亲密的机会。而睁开眼睛可以让夫妻双方深切体会到两个人不仅在身体上达成深度交流，还能在精神上形成共鸣，真正做到身心合一。

03 回味无穷的余味后戏

当男人或女人达到高潮时，性爱并没有宣告结束，下一步将进入女人最爱的温柔后戏阶段，但男人似乎很缺乏“性爱后戏”这个概念。很多男人都想在高潮之后迅速撤离战场，或倒头睡去，或吞云吐雾，或直接沐浴。

而对于女人来说，性爱之后的时间是女性愉悦感的重要来源。她们仍然希望和男人保持亲密，并且希望另一半能够对她温柔相待，继续抚摸她，轻轻握住她的手，或者深情地拥抱着她，说几句缠绵情话，让她在爱的包围中逐渐归于平静。最棒的男人绝不会忽视这段时间，即使几分钟的爱抚和拥抱也会给自己的女人带来极为舒适的感受，会让她真切体会到彼此之间紧密相连。

事实上，对于一次完美的性爱，后戏比前戏有着更加重要的作用和意义。前戏是为了营造一个较好的性感觉，是一个满足性欲望的起点。而后戏是让人达到心理满足的终极目标，能够深度融合夫妻间的感情。前戏更多的关注点在于性本身，后戏的焦点则是通过性来提升双方的情感。

如果男人只注重前戏却忽略后戏，就等于变相告诉女人，这个男人的性行为仅仅是为了满足自己的性欲望，对和女人建立稳定的亲密关系并不感兴趣，所以才不关心她的感受，也不愿满足她的需求。

很多时候，男人只需要握住女人的手便能让她感受到关心与爱意。握手没有时间和地点的限制，无论她感到悲伤难过、惶恐不安，还是欢天喜地、心满意足，都请握住她的手，这不是一个简单的动作，而是作为她最棒男人的一份心意和承诺。

How to Change Your Wife in 30 Days

改丨变丨秘丨诀

和女人做爱更像是艺术，而非科学。因此，男人要像艺术家一样，在对待女人时需要有灵感和惊喜点缀其间。女人的性欲如同晴雨表，如果她心里不开心、没有休息好、身体欠安，甚至感觉不到男人的关爱，都不会产生性欲。这就需要男人的理解与体察，并依靠自己的耐心和爱心融化她僵硬的身体和心灵，通过性爱给双方带来轻松和愉悦的同时，也让你成为她最棒的男人。

第30天：用性爱稳固爱情

改变焦点：

目标：感到性生活有阻碍的妻子

原因：彼此间交流不畅

焦虑：经常感到惴惴不安而随意猜测

歧途：习惯性地把自己真实的情绪和想法掩藏起来

真相：性爱反映感情的真实状态，是一种沟通与对话，更是生命力的表达

爱与性的完美结合是幸福婚姻的必要前提，一段幸福且持久的婚姻奏响的一定是爱与性的和谐之音，这是生活自然的本原状态，也是婚姻应有的至高境界。

性爱除了满足生理需求之外，还有一个最为重要的目的就是进行精神方面的交流，这也是人与其他动物性行为的最大不同之处。它不仅是与吃喝并列的不可抑制的自然需求，更是爱情、婚姻和家庭的自然基础。性爱之所以美好，是因为性爱使人们获得了无法比拟且无可替代的快乐、甜蜜、享受和陶醉，这种不可言说的美好是每个人都心驰神往的境界。

与此同时，性爱在婚后还会承担起稳固爱情的重担，它可以拉近夫妻关系，消除情感隔阂，化解夫妻矛盾，保持家庭和美。性爱不仅为夫妻带来一种肉体感官上的快乐，还能使其获得心灵和感情上的享受，这种享受可以让双方彻底放松，更增加了彼此间的爱情砝码。

01 性爱反映感情真实状态

电影、电视剧中为我们展现出的性爱，看起来都是浪漫唯美且销魂荡魄。男女主人公还没走进卧室，便开始激情四射地进入与世隔绝的无人之境，在曼妙的音乐声中享受着性爱前戏带来的诱惑与沉醉。一切的一切都是那么完美无瑕，让人看得耳红心跳，接下来镜头一转，屏幕上只留下那洒满月色的一层纱帘，在渐缓的音乐声中微微飘动。

此时我们也会身临其境般沉浸在那近乎完美的性爱之中，认为真实的性爱本该如此。殊不知，这只是源于生活却高于生活的艺术。在镜头之外，是一群围着这对“激情男女”的各色工作人员，为了一个镜头的打磨会反复数遍，只为带给观众更为震撼的视听效果。

现实生活中的性爱远没有镜头中那般理想，它像一面镜子，毫不留情地照透夫妻间每一个不为人知，甚至不为己知的隐蔽角落。

文爽是一位优秀的家居设计师，最热衷的事情便是在朋友圈里秀恩爱，在这个近在方寸之间却可传至万里之外的社交圈里，她与相爱10年，结婚3年的丈夫是人人称羡的神仙眷侣。

但在圈外，文爽却为刚刚三十而立的丈夫已经出现“不举”而忧心忡忡，每次性生活都草草了事，甚至是不了了之。面对闷闷不乐、一脸幽怨的妻子，丈夫开始频繁加班，还经常出差在外。这样的状况让他们已经提上日程的生孩子计划变得遥不可及。文爽自认为对性并没有太多奢求，只是没有孩子是她所不能接受的。她对丈夫除了在性生活方面稍有不满之外，其他方面都无可挑剔，尤其是丈夫对文爽父母比自己父母还要孝顺，她家的事丈夫也都一一承担下来，甚至对于文爽这个“扶弟魔”也没有二话。文爽觉得也许是他心理压力过大，才借工作来转移注意力。

这样的状况持续了半年之久，最后在文爽的强烈要求下两个人一起去做婚姻关系治疗，她实在太想要一个宝宝，而且丈夫的状态也让她忐忑不安。

婚姻关系治疗师很快发现，文爽丈夫之所以“不举”，是因为他的内心积压了太多对妻子和她家人的愤怒。只是他对妻子感情很深，且性格内向，习惯性地把自己真实的情绪和想法掩藏起来，这才让他们的生活看起来风平浪静。实际上他是有性欲的，只是负面情绪经常会从身体的各个角落钻出来，冲击着他的内心，让他无法正常过性生活。慢慢发展到了“不举”，这极大挫伤了他男性的自尊，最后演变到借工作来逃避与文爽共处。

浮出水面的真相让文爽大吃一惊，她一直以为两个人恩爱如初，想不到丈夫的内心却隐藏着这样让她大跌眼镜的事实。她更加始料不及的是，原来在婚姻关系里，性行为竟然能反映出夫妻都不曾觉察到的赤裸裸的真相。她意识到自己以前被两个人之间的节日礼物、烛光晚餐、定期旅行等这些表面浪漫所蒙蔽，丈夫能在行为上迎合文爽做一些令她高兴的事情，可是他的身体和性本能却不能被强迫，性让一个人无处逃脱地自我暴露。

经过婚姻关系治疗和情感心理修复，以及两个人的共同努力，他们开诚布公地将心中不快一一吐露，并且改变了以往不均衡的家庭相处模式，丈夫的心结被解开，两个人终于可以共赴巫山，一年后文爽顺利地怀孕了。

夫妻间对于性生活一定要格外留意，它所显现的远远不止床笫之事，还有更深层的事实。一般来说，如果两个人的感情关系状况良好，那么性爱频率和质量基本可以令人满意。但如果夫妻每天在同一屋檐下，却长时间没有肌肤之亲或性爱屡屡失败，其间存在的问题，绝非一句“太忙了”或“太累了”就可以加以掩盖，潜藏的深层问题需要夫妻双方共同面对和挖掘，追根溯源，找出问题之所在，予以解决，绝不能听之任之，最后发展到无法挽回的地步。

02 性爱是一种沟通与对话

一对如胶似漆的恋人如愿以偿地走进婚姻的殿堂，最初，两个人都憧憬着未来甜如蜜糖的生活，每天都要拥抱亲吻，每天都要倾诉心事，每天都要共度良宵，每天都要相拥而眠。但理想很丰满，现实很骨感，如果双方不去有意识地努力，婚姻很快会随着激情减退回归平淡。所以，我们需要定期和对方亲密结合，来保持爱情的温度。很多时候，一次畅快淋漓的性爱所蕴含的信息胜过万千甜言蜜语，它是一种深入灵与肉的沟通与对话。

夫妻是一个家庭中没有血缘关系的亲人，但其亲密程度却超过其他家庭成员。唯一的理由就是夫妻之间是灵与肉的结合体。如果这种结合无法维持，那么夫妻二人迟早会变得形同陌路，分道扬镳。因此，当两个人的关系还处在一个相对稳定的状态时，即使失去了热恋和新婚的激情澎湃，性爱的快感也远不如当初热烈，但夫妻间也要继续坚持有规律的“亲密接触”。因为此时的性爱已经由初时的身不由己和情不自禁，变成一种维系彼此最亲密无间关系的交流方式和深层对话，可以让双方在心里建立起“合二为一”的感觉。

两个人在一起共同生活，有很多问题需要慢慢去磨合与熟悉，彼此之间了解的深度和广度将与之对应地决定他们感情的深度和广度。性爱这件事更是如此，需要伴侣之间经常进行沟通，及时消除困惑与误解。当性爱中存在的问题通过沟通和对话得到改善和解决时，夫妻间的亲密度才会逐渐增加，爱意也会随之增多，就不会再出现惴惴不安与随意猜测了。

03 性爱是生命力的表达

一般来说，男人比较倾向于通过性爱来感觉被爱，而女人则是在她们被聆听和体验到浪漫时才感觉到被爱。没有什么比聆听和尊重，而不只是为了得到她们的身体，更让女人感到幸福和兴奋的事了。事实上，女人最佳的催情剂就是男人公开地对她们说欣赏且感激她们所做的一切。

因此，婚姻中的男女双方要了解与欣赏对方不同的“兴奋点”，不管这个点是什么，一定要烂熟于心，并且运用自如。弗洛伊德曾说：“不自然的性爱形式只有一种，那就是没有性爱。”我们的性能量是自然生命力的一部分，可以让我们神采飞扬，让我们的人生绚烂多姿。

性的本质是双方的有效沟通，而那种出自满足单方欲望的性是不负责任的，也没有做到有效沟通。当男人的需要被满足后，即刻“鸣金收兵”，这种性爱是单向且自私的，结果很可能导致女人的不满，情感上未被满足往往就会拒绝男人的身体接触，尤其是拒绝男人的性邀请。面对她的拒绝，男人往往理解为对自己的恶意“制裁”，因而产生愤怒和挫败感。于是他更加不愿意满足女人的情感需要，女人就更加拒绝他。两个人彻底陷入恶性循环，无法自救，最后影响到爱情与婚姻。

我们应该懂得，性不仅是传达爱情的方式，还是传达亲密感的途径，让人从一个更高与更深的层面与爱人进行交流。最融洽的夫妻生活是彼此间都具有蓬勃向上的生命力，这无关年龄，只关乎心态。两个人共同穿越了性冷淡、性不和谐等诸多负面影响，对彼此的身体不再有任何不适和排斥，发自内心且自然而然地愿意迎合彼此的喜好与需求，真正达到水乳交融的理想境界。

虽然这一境界妙不可言，但也需要持续地迎合彼此，不能就此放浪形骸。人的情感是流动的，性爱是靠情感维系的，因此性爱同样需要流动，它是一种代表沟通、爱、真心和平等的表达，也是一种热情不减的行动表达，同时还是一种互相尊重和彼此臣服的行为，通过两个人的深度结合，让双方的能量和爱情流动起来，互通有无。在那一刻，双方都会意识到且感激性爱为夫妻间的生命力源源不断补充着新的能量。性爱是生命的润滑剂，是婚姻充满生命力的重要活力来源之一，也是性能量和生命力最强有力的表达，更是稳固爱情的支点。

How to Change Your Wife in 30 Days

改 | 变 | 秘 | 诀

性爱是婚后稳固爱情一项必不可少的仪式，它既可以反映出夫妻感情的真实状态，还是一种深层沟通与对话的专属方式，更是彼此间蓬勃生命力的一种特有表达。男人在与妻子的婚后生活中，要将性爱这一婚姻利器使用得恰到好处，不仅能够使妻子跨越因性爱而引起的各种不和谐和阻碍，还能探索和重建双方都认同的适合彼此的性爱方式，更能维持家庭的健康和乐，创造一生美好且销魂的性爱之旅。

LOVE